2019년 불링거 프로젝트 특별강좌

# 하인리히 불링거의 교회와 신앙고백

2019년 불링거 프로젝트 특별강좌

# 하인리히 불링거의 교회와 신앙고백

**초판1쇄인쇄**　2020년 12월 05일
**초판1쇄발행**　2020년 12월 15일

지 은 이　박상봉, 에미디오 캄피(Emidio Campi)
발 행 인　정창균
펴 낸 곳　합동신학대학원출판부
주　　　소　16517 수원시 영통구 광교중앙로 50 (원천동)
전　　　화　(031)217-0629
팩　　　스　(031)212-6204
홈 페 이 지　www.hapdong.ac.kr
출 판 등 록 번 호　제22-1-2호
인 쇄 처　예원프린팅 (031)902-6550
총　　　판　(주)기독교출판유통 (031)906-9191


ISBN　978-89-97244-92-8 (93230)
값은 뒷표지에 있습니다
잘못된 책은 교환해 드립니다

「이 도서의 국립중앙도서관 출판예정도서목록(CIP)은 서지정보유통지원시스템
홈페이지(http://seoji.nl.go.kr)와 국가자료종합목록 구축시스템(http://kolis-net.
nl.go.kr)에서 이용하실 수 있습니다. (CIP제어번호 : CIP2020048984)」

# 하인리히 불링거의
# 교회와 신앙고백

Church and Confession of Faith

불링거
프로젝트
저작물시리즈
**01**

박상봉, 에미디오 캄피Emidio Campi 지음

# 발 간 사

이 책은 합동신학대학원대학교가 진행하는 불링거 프로젝트의 일환으로 발간되었습니다.

불링거는 쯔빙글리의 후계자로 스위스의 그로스뮌스터 교회를 목회하였습니다. 그가 행한 7천편 이상의 설교, 그가 작성한 스위스 제2신앙고백서, 그리고 1만 통 이상 되는 주고받은 서신들은 그가 명실 공히 종교개혁 2세대의 선두주자임을 증명합니다.

합신은 불링거 프로젝트를 통하여 하인리히 불링거의 신학과 사상 및 그의 설교와 스위스 제2신앙고백서를 본격적으로 한국교회에 소개하고 적용하는 일에 앞장서고자 합니다. 합신은 한국교회 개혁신학 연구의 관심을 종교개혁 2세대로 확장함으로써 한국교회 개혁신학 연구의 새로운 장을 열어가는 견인차 역할을 감당하고자 합니다.

합신은 『하인리히 불링거의 교회와 신앙고백』이라는 주제로 제1차 불링거 대강좌를 개최하여 '하인리히 불링거가 말하는 목사직' '하인리히 불링거의 스위스 제2신앙고백서' '하인리히 불링거가 말하는 교회' '하인리히 불링거는 누구인가?' '불링거와 깔뱅의 교회 일치를 위한 문서—취리히 합의서(1549)' 라는 주제로 불링거를 소개한 바 있습니다. 당시에 행해진 강좌의 내용을 더 많은 분들이 지속적으로 접할 수 있도록 이와 같은 단행본으로 출간하게 되었습니다.

프로젝트 디렉터인 박상봉 교수는 쮜리히 대학교에서 스위스의 국가프로젝트에 참여하여 학위를 받은 유일한 한국인 불링거 전공 학자입니다. 그리고 쮜리히 대학교를 은퇴한 에미디오 캄피 교수는 세계적인 개혁신학자로서 합신의 불링거 프로젝트 해외 전문위원입니다.

합신은 불링거의 '50편 설교집' 중 제5권 교회론 설교집 10편 설교 가운데 다섯 편(41-45편)을 한국 최초로 400여 페이지에 달하는 분량의 책으로 번역하여 『하인리히 불링거의 교회론』으로 이미 출간하였습니다. 그 다음 다섯 편을 번역한 『하인리히 불링거의 성례론』이 곧 출간을 앞두고 있습니다. 그리고 연차적으로 그의 50편 설교집 전체를 차례로 번역출간 할 것입니다. 이러한 일들은 종교개혁신학에 깊은 관심을 갖고 있는 한국교회 신학도와 성도들 앞에 내놓는 합신 불링거 프로젝트의 중요한 결실이라고 할 수 있습니다.

합신이 불링거 프로젝트를 마음껏 진행하는 것은 (주) LIS 컴퍼니 대표이사 정채훈 장로님(합신교단 동부교회 장로)의 아낌없는 재정 후원에 힘입고 있음을 밝히며 깊은 감사를 드립니다. 이번에 발간하는 『하인리히 불링거의 교회와 신앙고백』이 한국교회가 참된 교회와 신앙고백, 그리고 그것들이 주는 목회적 함의와 적용을 포착하여 이 시대의 참된 교회와 신앙을 세워가는데 도움과 지침이 되기를 기대합니다.

2020년 11월
총장 정창균

# 서 문

하인리히 불링거는 종교개혁 연구와 관련하여 거의 1970년대까지도 부분적으로만 소개되었다. 스위스 종교개혁의 선구자 쯔빙글리와 제네바 동료 깔뱅의 그늘 아래 늘 머물러 있었기 때문이다. 2004년 스위스 취리히에서 열린 '하인리히 불링거 탄생 500주년 기념 국제 세미나'를 계기로 불링거에 대한 새로운 지평이 열렸다.

불링거는 쯔빙글리 이후 유럽 개혁파 교회에서 신학적으로나 교회 정치적으로 가장 큰 영향력을 발휘했으며, 개혁파 교회의 아버지로 간주될 정도로 중요한 위치를 차지하고 있었다. 불링거는 쯔빙글리 사후로 가장 힘든 시기에 취리히 교회의 의장(Antistes)으로 선출되어 44년 동안 그 열정적 전임자가 이루려던 종교개혁을 완성했다. 또한, 개혁파 교회를 취히리 성벽과 스위스 국경을 넘어 전 유럽에 소개하고 각인시켰다. 특별히, 이 사실은 전 유럽과 연결된 불링거의 서신교환을 통해 이해할 수 있다. 불링거는 12,000통의 서신을 주고받았다. 스위스가 포함된 17개 국가들에 속한 438개 도시들과 1,174명과 서신교환이 이루어진 것이다. 종교개혁 이후 개신교의 분열을 최소화하며, 유럽 교회를 바른 신학 위에 세우길 원했던 그의 열망을 확인할 수 있다. 불링거는 일생 동안 7,000번이 넘는 설교를 수행했다. 49년 동안 124권의 다양한 분야의 책을 집필했다. 『취리히 합의서』, 『50편 설교집』, 『스위스 제2

신앙고백서』 등은 처음 출판할 당시뿐만 아니라 지금까지도 널리 알려져 있다. 그의 설교와 저술 활동은 목회적 관심과 분리되어 있지 않았다. 초대교회로부터 계승된 정통신학을 추구하며 보편 교회의 유익을 위해 헌신했기 때문이다. 이렇게 볼 때, 불링거에 대한 지식 없이 1530년대 이후의 종교개혁을 이해하는 것은 매우 단편적일 수밖에 없다.

한국 교회에 루터, 쯔빙글리, 깔뱅을 제외하고 다른 종교개혁자들은 아직까지도 낯설다. 하인리히 불링거도 크게 다르지 않다. 이러한 현실과 관련하여 종교개혁 2세대를 한국 교회에 소개하기 위해 2019년 '합동신학대학원대학교 불링거 프로젝트'가 기획되었다. 처음으로 하인리히 불링거가 한국 교회에서 독자적으로 다뤄진 것이다. 스위스 취리히대학교 역사신학 교수와 스위스 종교개혁연구소 소장을 역임했던 에미디오 캄피와 그 아래서 박사 학위를 받은 필자가 《불링거의 교회와 신앙고백》이라는 주제로 다섯 편의 연구글을 발표했다. 불링거의 생애, 목사직, 교회론, 《스위스 제2 신앙고백서》 그리고 《취리히 합의서》와 관련된 최신 연구가 제시되었다. 교회를 위한 신학을 죽는 날까지 추구했던 불링거의 새로운 진면모를 확인할 수 있다. 오늘날 갱신이 절실한 한국 교회를 깊은 신학적 성찰로 이끌 것이다.

이 책이 나올 수 있도록 2019년 '불링거 프로젝트'를 제안하신 정창균 총장님께 감사드린다. 이 프로젝트를 위해 후원하신 분들께도 감사의 마음은 동일하다. 스위스에서 합동신학대학원대학교와 제자를 위해 먼 길을 마다하지 않고 와 주신 에미디오 캄피 교수님께도 진심어린 감사를 표한다. 캄피 교수님의 강연을 위해 번역과 통역으로 섬겨 주신 이남규 교수님과 안상혁 교수님께도 감사의 마음을 빠뜨릴 수 없다. 이렇게 멋진 책이 나올 수 있도록 도움을 주신 이동혁 선생님, 김민정 선생님, 안미쁜아기 전도사님께도 감사를 드린다.

2020년 겨울의 문턱에서
박상봉

# Die gantze Bibel

der vrsprünglichē Ebraischen
vnd Griechischen waarheyt
nach/auffs aller treüwli=
chest verteütschet.

Getruckt zů Zürich bey Christoffel
Froschouer/im Jar als man zalt
M. D. XXXI.

# 1

## 하인리히 불링거의
# 교회를 위한 여정

박상봉

## 들어가며

한국 교회가 16세기 취리히 종교개혁자 '하인리히 불링거'(Heinrich Bullinger)를 주목해야 하는 이유는 무엇일까? 그는 종교개혁으로 세워진 교회를 위하여 살았을 뿐만 아니라 그 교회를 위한 신학을 추구했다. 불링거가 죽음에 이르는 순간까지 지향했던 교회는 1529년 말부르크(Malburg) 종교회의 이래 첨예화된 '교파화'(Kon-fessionalisie-rung) 과정에서 등장한 한 교파적 교회가 아니었다. 성만찬론에 대한 신학적 갈등과 인간적 요소로 개신교의 교파적 분열이 일어났음에도 불구하고 한 특정한 신학을 의도하지도 않았다. 불링거가 끝까지 추구한 것은 초대 교회로부터 계승되었던 사도적 가르침[1]에 근거한 정통신학(Orthodoxie)과 그 정신 위에 서 있는 보편 교회(Catholica Ec-clesia)이다. 종교개혁 사상은 몇몇 사람들이 주장한 자의적 가르침이 아니라 지상의 모든 교회를 위한 사도적 가르침과 객관적 신앙 내용임을 확신했기 때문이다.

---

1   J. 판 헨더렌 & W. H. 펠레마, 개혁교회 교의학, 신지철 옮김, (서울: 새물결플러스 2018), 1170.

16세기 종교개혁자들이 추구한 신학은 근본적으로 사도적 가르침에 근거한 정통신앙을 회복하는 데 초점이 있었다. 종교개혁의 정당성을 확보하고 개혁된 교회(Reformierte Kirche)가 참된 교회임을 증명하고자 했기 때문이다. 이렇게 볼 때, 루터와 쯔빙글리의 성만찬에 대한 신학적 차이는 본질적인 문제가 아니었다. 오히려 그들의 성경 해석과 관련된 신학적 독특성으로 이해하는 것이 옳다. 쯔빙글리 사후에도 여전히 성만찬론과 관련하여 루터파 교회와 논쟁하며 교회 일치를 위한 현실적인 벽을 넘어서지 못했다. 하지만 불링거는 평생토록 1,500여 년을 관통한 교회-교리사적으로 검증된 정통신학 위에서 있는 참된 교회를 추구했다.[2] '단일하며, 거룩하며, 보편적이며, 사도적 교회'(una, sancata, catholica et apostoloca ecclesia)를 로마 가톨릭 교회의 타락으로부터 회복시키려고 한 것이다.

불링거를 떠올릴 때 가장 주목해야 할 점은 한 교회에서 44년을 사역했다는 사실이다. 47년 목회 사역 중 목사로서 처음 2년 반 동안 브렘가르텐(Bremgarten)에서 활동한 것을 제외하고 취리히 그로스뮌스터 교회(Grossmünster Kirche)에서 죽는 순간까지 종교개혁자, 설교자 그리고 교회정치가로서의 삶을 살았다. 이곳에서 한 주간 동안 선포된 설교는 평균적으로 12번 정도 되었다. 불링거는 취리히 교회

---

2 종교개혁자들 중에서 불링거는 대표적으로 보편 교회에 관하여 깊이 고민하며 지대한 관심을 가진 인물이다. 1552년에 기독교 신앙의 종합적 체계를 제시하고, 잘못된 가르침과 이단을 방어하며, 정통신앙의 이해를 위해 출판된 《50편 설교집》에서 자세히 확인할 수 있다. (라틴어 원본: Sermonum Descades quinque, de potissimis christianae religionis capitibus, in tres tomos digestae, authore Heinrycho Bullingero, ecclesiae Tigurinae ministro, Zürich, Christoph Froschauer 1552.)

의 의장으로서 바쁜 업무 중에도 네 명의 다른 설교자들에게 도움을 받으면서 여러 번 설교 강단에 올라 자신의 책임을 성실히 감당하였다. 그의 설교 원고가 현재 취리히 문서보관소에 남아 있는데, 일생 동안 7,000번이 넘는 설교를 수행한 것으로 확인된다. 그가 선포한 많은 설교는 신구약 성경의 각 권에 대한 주해와 함께 다양한 설교집으로 출판되기도 했지만 특별히 그의 설교와 저술 활동이 교회의 목회적 관심과 분리되어 있지 않았다. 한편 불링거의 모든 신학적 진술의 강점은 초대교회로부터 계승된 정통신학을 추구한 점이다. 다른 한편으로는 신자들의 실제적인 갈망과 의문에 대해 신앙적인 원리를 선명하고 설득력 있게 제시한 점이다. 어떤 주제를 전달하거나 제시할 때, 그 시대를 살아가는 신자들의 실존적인 삶을 외면하지 않고 신자들이 쉽고 바르게 이해할 수 있도록 신앙의 지식을 전달하고자 노력했다.

1531년 10월 12일 쯔빙글리가 카펠(Kappel) 전투에서 목숨을 잃은 그 해 12월 9일, 취리히 교회의 빠른 안정을 위해 쯔빙글리의 후계자로서 교회를 대표할 의장(Antistes)으로 불링거가 선출되었다. 그는 취리히 종교개혁을 완성하고 초대교회로부터 면면히 계승된 사도적 가르침에 근거하여 '하나의 일치된 신앙'을 추구하였다. 그리고 개혁파 교회의 연합을 위해 취리히 성벽과 스위스 국경을 넘어서까지 다양한 교류를 시도했다. 이러한 사항을 감안해 볼 때, 불링거에 대한 이해와 지식 없이 1530년대 이후의 취리히 종교개혁을 이해한다는 것은 매우 단편적일 수밖에 없다. 쯔빙글리를 루터와 비교하여 스위스에 영향을 준 개혁과 종교개혁(die reformierte Reformation)의 효시라고 한다면, 그의 후계자인 불링거는 종교개혁의 안정과 지속성을 위해 헌신한 건축가요, 혁신가라고 말할 수 있을 것이다.[3] 불링거는 종교개혁 2세대로서 스위스를 넘어 전 유럽에 주도적인 영향력을 끼친 신학자이자, 고난을 받는 사람들의 위로자로 인정받았다.

'하인리히 불링거'라는 이름은 쯔빙글리와 제네바 동료인 깔뱅의 그늘에 가려 오랫동안 빛을 보지 못했다. 더구나 불링거는 한국 교회에 거의 소개되어 있지 않아서 낯선 것이 사실이다. 하지만 죽는 날까지 교회를 위한 삶을 살았고, 교회를 위한 신학을 추구했던 불링거의 진면모를 이제는 소개할 필요가 있다. 그의 발자취에 대한 잃어버린 기억을 다시 회복할 때가 된 것이다. 그의 삶과 신학을 통해 오늘날 한국 교회가 가지고 있는 현실적인 문제들을 직시할 수 있을 것이다. 더 나아가 한국 교회가 지향해야 할 실천적인 해결책을 모색할 수 있으리라고 기대해 본다.

---

3  Bruce Gordon, Architect of Reformation, in: Architect of Reformation: An Introduction to Heinrich Bullinger, 1504-1575, by Bruce Gotdon & Emidio Campi, Michigan 2004, 17-32.

# 1. 불링거의 생애

## 1) 학문의 시간

불링거는 1504년 7월 18일 스위스 취리히 서쪽에서 40여 리 정도 떨어진 작은 도시 브렘가르텐(Bremgarten)에서 태어났다. 그의 아버지 장자 하인리히 불링거(Heinrich Bullinger der Ältere)는 독일에서 신학을 공부하고 1493년에 로마 가톨릭교회의 사제가 되었다. 그의 다섯 명의 아들 중 막내 불링거가 태어난 시기에, 그는 브렘가르텐 교구사제로 활동하고 있었다. 장자 불링거는 1495년부터 안나 비더케어(Anna Wiederkehr)와 가정을 이룬 것으로 알려져 있다. 로마 가톨릭교회에서 사제의 혼인은 금지되어 있었지만, 당시 종교적으로 혼탁했던 상황 속에서 두 사람의 관계는 처벌받지 않았다. 교회 사역의 경력에도 부정적인 영향을 주지 않았다.

어린 불링거는 1509년 3월 12일 브렘가르텐의 초등 라틴어 학교에 처음 입학했다. 이때 익힌 라틴어는 불링거의 두 번째 언어가 되어 평생 많은 책과 서신에 사용되었다. 1516년 가을, 청소년기에 들어선 불링거는 독일 중서부에 위치한 도시 니더하인 에머리히(Em-merich am Niederrhein)에 있는 성 마르틴(St. Martin) 라틴어 학교에 입학했다. 이곳의 인문주의 수업에서 언어, 고전, 성경 등을 공부했고 기독교 공동체 생활에 대해 깊은 감명을 받았다. 이로 인하여 불링거는 카르토이스 수도회(Kartäuserorden)[4]에 입교하는 것을 진지하게 고민하였다.

1519년 봄, 성 마르틴 라틴어 학교를 졸업한 불링거는 당시 '독일의 로마'로서 경제적·정치적·학문적·종교적 중심지이자, 카르토이스 수도회가 있는 쾰른(Köln)으로 거처를 옮겼다. 같은 해 9월 12일 쾰른대학교 문예학부(Artes liberales)에 입학한 불링거는 알버투스 마그누스(Abertus Magnus), 토마스 아퀴나스(Thomas von Aquin), 요한네스 둔스 스코투스(Johannes Duns Scotus) 등을 배웠다.[5] 중세시대에 로마 가톨릭교회의 학문적 토대를 이루었던 스콜라 신학을 경험한 것이다. 그리고 마티아스 프리세미우스(Mattias Frissemius)와 아놀드 폰할더렌(Arnold von Halderen)을 통해 당시에 유행했던 인문주의 사상을 소개받았다. 대표적인 인문주의자였던 루돌프 아그리콜라(Rudolf Agricola), 에라스무스 폰 로테르담(Erasmus von Roterdam) 등의 저술을 읽었다.[6] 특별히 이 과정에서 불링거는 이미 비텐베르크(Wittenberg)에서 공론화된 종교개혁에 대해 새로운 안목을 가지고 마틴 루터(Martin Luther)에게 관심을 가졌다. 1520년에 쾰른대학교에서 루터에 대한 학술논쟁이 벌어진 이래로 그는 루터의 저술을 읽으면

---

4  카르토이스 수도회는 1084년 쾰른의 성 브루노(St. Bruno)가 설립했다. 남자 수도회와 여자 수도회를 모두 갖추었으며, 성 베네딕트(St. Benedictus) 규율서 대신에 자체적인 규율서를 가지고 있었다. 일반적으로 은둔적인 삶을 지향한 것으로 알려져 있다.

5  Fritz Büsser, Heinrich Bullinger: Leben, Werk und Wirkung, Bd.I, TVZ 2004, 13.

6  F. Blanke, Der junge Bullinger 1504-1531, Zuerich 1942, 42-4.

서 로마 가톨릭교회의 전통에 대하여 의문을 품었다.[7] 학문적인 호기심으로 가득 차 있던 불링거는 이러한 의문을 해결하기 위해 성경뿐만 아니라 크리소스토무스(Chrysostomus), 암브로시우스(Ambrosius), 오리게네스(Origenes), 아우구스티누스(Augustinus) 등 초대교부의 가르침을 진지하게 연구했다.[8] 그는 1520년 한 시점에 쓴 그의 일기장에 다음과 같은 기록을 남겼다. "하나님의 구원이 오직 예수 그리스도를 통해 왔다는 것을 깨달았다. 교황주의자들은 미신적일 뿐만 아니라 그동안 하나님이 없는 가르침을 받았다는 것도 알게 되었다."[9] 1521년에 처음 출판된 필립 멜란히톤(Philip Melanchthon)의 『신학총론』(Loci commnunes)을 읽고 종교개혁의 정당성에 대하여 더욱 분명한 확신을 갖게 되었다. 그리하여 불링거는 이러한 경험을 통해 종교개혁 사상을 온전히 신뢰하고, 로마 가톨릭교회의 전통에 근거한 신앙을 거부하기에 이르렀다. 미사에 참여하지 않겠다고 결심했으며, 카르토이스 수도사가 되겠다는 계획을 포기했다.

불링거는 독일 쾰른대학교에서 자유예술학부의 석사학위를 취득하고, 종교개혁 사상으로 무장한 인문주의자가 되어 1522년 4월 경, 스위스 브렘가르텐으로 돌아왔다.

---

7   불링거는 당시 다음과 같은 루터 저술을 섭렵한 것으로 알려져 있다: Die Babylonische Gefangenschaft der Kirche(1520), Von der Freiheit eines Christenmenschen(1520), Von den guten Werken(1520), Assertio omnium articulorum(1520) 등.

8   Blanke, Der junge Bullinger, 50-2. 이 연구를 통해 불링거는 루터의 신학사상이 초대 교회의 교부들과 밀접하게 연결되어 있으며, 성경적으로 옳다는 것을 확신할 수 있었다.

9   파트릭 뮐러, 하인리히 불링거, 박상봉 옮김, (수원: 합신대학원출판부 2015), 35.

## 2) 종교개혁자의 길

브렘가르텐 교구에 속해 있는 알비스 카펠(Kappel am Albis)에 시토
회(Zisterzienser) 수도원이 있었다. 카펠 수도원 원장 볼프강 요너
(Wolfgang Joner)는 인문주의 영향을 받은 인물이었다. 쯔빙글리와
교류하면서 취리히 종교개혁에 관심을 가졌으며, 카펠 수도원의 새
로운 변화를 희망하고 있었다. 이때 때맞춰 깊은 학문적 조예와 종교
개혁 사상으로 무장한 불링거가 등장한 것이다. 1523년 1월 초에 요
너는 불링거에게 카펠 수도원 교사직을 제안했다. 18세 청년 불링거
는 자신의 종교적 신념에 따라, 수도원의 미사와 성가 기도회에 참석
하지 않는다는 조건으로 카펠 수도원 학교의 교사직을 받아들였다.
이곳에서 그는 다양한 고전들을 규칙적으로 강독하고 인문주의 교육
방식에 따라 수업을 진행했다. 이 기간 동안 개인적으로 종교개혁자
들의 다양한 저술을 정독하면서 신학적 입장을 체계화시켰다. 에라
스무스, 루터, 쯔빙글리, 멜란히톤 등의 저술을 집중적으로 연구하면
서 종교개혁 사상에 대한 분명한 입장을 갖게 된 것이다.[10]

　　1523년 1월 29일 '첫 번째 개혁과 교회설립을 위한 회합'으로 간주
될 수 있는 '첫 번째 취리히 논쟁'(die erste Zürcher Disputation)이 개최
되었다. 쯔빙글리와 다른 동료 목회자들, 취리히 시장과 상하 의회의
의원들, 로마 가톨릭교회의 주교 사절들 등 약 600여 명이 참석한 큰

---

10　Blanke, Der junge Bullinger, 64.

종교회의였다. 이 논쟁의 결과로 취리히는 정부의 공적인 승인과 국민의 지지 속에 스위스의 첫 번째 종교개혁 도시가 되었다.[11] 취리히 논쟁의 여파는 당시 스위스에 직접적인 변화를 가져왔다. 종교개혁의 물결이 취리히 주변 도시들과 스위스 전역에까지 큰 영향을 미쳤다.

취리히 종교개혁이 공식화된 이후, 불링거는 1523년 출판된 쯔빙글리의 『마지막 연설의 해설과 근거』(Auslegung und Begründung der Schlussreden)를 읽었다. 이 책은 처음부터 독일어로 기록된 쯔빙글리의 복음적 신앙교리서로 간주된다. 쯔빙글리가 '첫 번째 취리히 논쟁' 때 제시한 67개 조항에 대한 해설서로, 취리히 종교개혁 방향과 내용이 정리되어 있다.[12] 1523년 말, 불링거는 쯔빙글리와 드디어 첫 역사적인 만남을 가졌다. 두 사람은 서로에 대하여 강한 인상을 받았으며, 신학적으로도 폭넓은 공감대를 형성한 것으로 알려져 있다. 이때부터 두 사람의 관계는 카펠 전쟁에서 쯔빙글리가 죽기 전까지 매우 돈독한 유대관계를 이어갔다.[13]

1525년에 브렘가르텐과 카펠도 취리히 종교개혁을 받아들였다. 이 무렵 불링거는 교사로 활동하면서 쯔빙글리의 권유로 취리히 재세례파와 관련된 신앙논쟁에 참여하기도 했다.[14] 1527년 초에 카펠

---

11  Petrix Müller, Heinrich Bullinger: Reformator, Kirchenpolitiker, Historiker, Zürich: TVZ 2004, 22.

12  Peter Opitz, Ulrich Zwinging – Prophet, Ketzer, Pionier des Proteantismus, Zürich: TVZ 2015, 35-42.

13  Blanke, Der junge Bullinger, 75-6.

14  Blanke, Der junge Bullinger, 64. 쯔빙글리는 1525년에 있었던 재세례파와 논쟁 때 불

수도원은 폐쇄되었고, 취리히 의회의 관리 아래 놓이게 되었다. 요너의 권유로 불링거는 1527년 6월 23일부터 11월 14일까지 취리히 교회의 목회자 교육기관인 '예언회'(Proptezei)에서 신학을 공부하는 기회를 가졌다. 쯔빙글리, 레오 유드(Leo Jud) 등의 강의를 청강하면서 히브리어와 그리스어를 더 깊이 학습했다. 갑작스러운 변화를 받아들이고, 앞으로 전개될 인생의 길을 설계하며 주변을 정리하는 시간이었다. 불링거는 취리히에서 다양한 명사들과 친분을 쌓을 수 있었는데 쯔빙글리의 죽음 후에, 취리히에서 쌓은 친분은 도시에 정착할 때 많은 도움이 되었다. 불링거는 쯔빙글리의 추천으로 1528년 1월 6-26일에 개최된 베른 논쟁(Berner Disputation)에도 참여했다. 마르틴 부처(Martin Bucer), 베르톨트 할러(Berchtold Haller), 기욤 파렐(Guillaume Farel) 같은 종교개혁자들도 사귈 수 있었다.[15] 이미 잘 알려진 대로 불링거는 이들과 함께 평생 교류했다.

18세부터 카펠 수도원 학교의 교사로서 6년 동안 활동한 기간은 불링거의 인생에서 종교개혁자로서의 첫걸음을 내딛는 중요한 시간이었던 것이다. 취리히 종교개혁을 통해 로마 가톨릭교회를 넘어 새롭게 개혁된 교회를 온몸으로 경험할 수 있었기 때문이다. 이 시기의 불링거는 이미 27권의 책을 저술했다. 거의 모든 신약 성경의 주해서들이 포함되어 있다. 특별히 카펠에서의 교사 생활과 취리히 종교개

---

링거를 초청했다. 불링거는 논쟁의 내용을 기록하는 서기 역할을 감당한 것으로 알려져 있다. (E. Egli, Bullingers Beziehungen mit Zwingli, in: Zwingliana I (1904), 440).

15    Müller, Heinrich Bullinger, 27.

혁과 관련된 다양한 활동 속에 불링거는 목회자의 길을 진지하게 생각할 수밖에 없었다.

1528년 4월 21일 취리히 교회의 첫 번째 총회가 열린 직후, 취리히 목회자들과 요너의 적극적인 권유로 스위스 개혁파 교회의 목사가 되었다. 불링거는 알비스 하우젠(Hausen am Albis)에서 1528년 6월 21일 첫 설교를 시작으로 드디어 교회 사역의 길에 공식적으로 들어섰다. 이때로부터 그의 설교사역은 무려 47년 동안 지속되었다. 불링거는 1529년 6월 1일 자신의 아버지가 사역했던 브렘가르텐 교회의 협력 목사로 청빙되었다 그해 8월 17일 전직 수녀였던 안나 아들리슈빌러(Anna Adlischwyler)와 가정을 이루고 2년 반 동안 브렘가르텐 교회를 섬겼다. 불링거와 안나 두 사람 사이에 모두 열한 명의 자녀들이 태어났다. 안나는 16세기 종교개혁자의 아내로서 좋은 모범을 보여 주었다. 가정을 위한 그녀의 헌신적인 삶에 대해서 셋째 사위 요시아스 심러(Josias Simler)는 자신의 장모를 '가족의 신실한 수호자'(fida custos familiae)라고 칭송했다.[16]

안나의 헌신은 단순히 가정주부와 어머니로서의 자연적인 역할에만 근거한 것이 아니었다. 무엇보다도 그녀의 신앙 동기에 근거한 '개혁파 성도의 가정'이라는 새로운 가치 속에서 발현된 것임을 기억해야 한다.[17] 종교개혁 당시 <개혁파 가정에서 여성의 역할이 얼마나 중요했는가>를 그녀를 통해서 알 수 있다. 안나는 1564년 9월 25

---

16    Büsser, Heinrich Bullinger (1504-1575), Leben, Werk und Wirkung, 77.

17    Müller, Heinrich Bullinger, 42.

일 흑사병으로 세상을 떠날 때까지 불링거의 '돕는 배필'로서 늘 함께 했다. 다른 어떤 여성도 안나의 역할을 대신할 수 없었다. 불링거의 마음속에 여전히 그녀가 살아 있었고, 그녀와의 많은 추억이 간직되어 있었기에 죽는 날까지 다른 여성을 생각할 수가 없었다.[18] 주변 사람들의 권유에도 불구하고 불링거가 재혼하지 않고 혼자 살았던 이유이다.


## 3) 취리히 교회의 대표 목사

1531년 10월 12일 2차 카펠 전쟁에서 로마 가톨릭교회의 신앙을 고수하고자 했던 다섯 삼림주의 연합군에게 취리히 군대가 패하면서 전투에 참전했던 쯔빙글리도 목숨을 잃고 말았다. 그 결과 다시 가톨릭화된 고향 브렘가르텐에서 불링거는 다른 목사들과 함께 쫓겨나 취리히에 정착하게 되었다. 11월 23일 불링거는 처음으로 그로스뮌스터교회에서 설교하도록 초청받았다. 그리고 12월 9일에 불링거의 인생에 있어서 가장 결정적인 사건이 발생했다. 쯔빙글리의 후계자로서 27세의 불링거는 취리히 상하 의회의 결의를 통해, 현실적으로 많은 어려움을 가진 취리히 그로스뮌스터교회의 대표 목사로 선출되었다. 즉 100여 개의 교회와 130여 명의 목사를 대표하는 취리히 교

---

18   Büsser, Heinrich Bullinger (1504-1575), Leben, Werk und Wirkung, 77-8.

회의 의장(Antistes)이 된 것이다. 이미 불링거는 베른(Bern)과 바젤(Basel) 그리고 아펜젤(Appenzell)로부터 청빙을 받았으나, 쯔빙글리의 동역자로서 취리히 교회에 대한 막중한 의무감 때문에 어떤 요청도 받아들이지 않았던 것이다.

27세 나이로 취리히 교회를 대표하게 된 불링거는 무엇보다도 종교개혁의 지속성을 통한 교회의 새로운 재편과 사회적 안정에 관심을 두었다. 카펠 전쟁 이후, 로마 가톨릭교회를 지지하는 다섯 삼림주(州)들과, 패배한 취리히 사이에 마일렌 협정(Meilener Vorkommnisses)이[19] 체결되었다. 그 핵심적인 내용은 정부를 향하여 권리를 행사하는 취리히 교회의 목사들에게 세속적인 용무들을 전면적으로 금지한다는 것이었다. 물론 이미 쯔빙글리가 추구해 왔던 교회와 정부의 협력 속에 진행된 종교개혁의 근본적인 구조가 바뀌지 않았다. 여러 어려운 상황들이 전개되었으나, 정치인들이나 시민들은 전쟁의 패배와 상관없이 교회와 사회개혁을 열망하였다. 전쟁 이후, 위기에 처한 교회를 정부의 도움 없이는 회복시킬 수 없었기 때문에, 불링거도 교회와 정부 사이의 협력을 지속적으로 유지하기 위해 노력해야만 했다. 종교개혁의 지속성 및 교회와 사회의 개혁을 위해 불링거는 두 기관의 관계를 신학적, 제도적으로 합법화해 나간 것이다.

불링거가 이행한 교회와 정부의 협력 사역은 쯔빙글리와 구별되

---

19  Heinrich Bullingers Reformationsgeschichte, nach dem Autographon hrsg. v. Johann Jakop Hottinger und Hans Heinrich Voegeli, 3 Bde., Frauenfeld 1838-1840, den vierten Artikel, 287.

는 분명한 차이가 있다. 불링거는 하나님으로부터 위임된 두 기관이 서로 혼합되거나 영역에 대한 침범 없이, 각자의 역할과 책임 아래 종교적, 사회적으로 중요한 일들을 협력하여 해결하는 데 초점을 두었다. 교회와 국가 사이의 구별되는 질서와 역할을 상호 존중하면서 하나님으로부터 위임받은 각자의 일들을 서로의 후원과 도움으로 수행해 간 것이다. 교회 봉사자들이나 정부 관리들은 자신에게 위임된 일들을 임의적 판단이나 뜻으로 처리하지 않았다. 오히려 하나님의 말씀과 믿음 아래 그 일들을 극대화하기 위해 상호협력을 도모하였다. 《스위스 제2 신앙고백서》(Confessio Helvetica Posterior) 30장, '행정관리'(De Magistratu) 조항을 통해 불링거가 추구했던 입장과 이유를 확인할 수 있다. "만일 행정관리가 교회를 적대시하면, 그는 교회를 심히 괴롭힐 수도 있고 방해할 수도 있다. 그러나 행정관리가 교회와 가깝거나 교인일 경우, 그는 가장 유용하고 뛰어난 교회의 성도로서 교회에 많은 유익을 제공할 뿐만 아니라, 결정적으로 가장 크게 교회를 도울 수 있다."[20] 물론 이러한 사고는 당시 모든 정치인들이 교인이었고 정부가 개혁파 교회를 국교로 표명한 시대적이고 지역적인 상황과 관련되어 있음을 부인할 수 없다. 쯔빙글리와 불링거 사이의 이론적이고 실천적인 결과에 대하여 취리히대학교 교수였던 에미디오 캄피(Emidio Campi)는 다음과 같이 평가하고 있다. "목사들과

---

20 Confessio Helvetica Posterior, Art. 30, De Magistratu: "Si hic sit adversaries ecclesiae, et impedire et obturbare potest plurimmum. Si autem sit amicus, adeoque membrum ecclesiae, utilissimum exellentissimumque membrum est ecclesiae, quod ei permultum prodesse, eam denique peroptime juvare potest."

세속 정부의 협력 사역 속에서 교회와 정부 사이에 문제 될 수 있는 혼합의 위험성으로부터 실제적인 보호는 쯔빙글리보다 불링거가 이론과 실천적으로 훨씬 더 나은 성과를 거두었다."[21] 결과적으로 불링거는 쯔빙글리의 종교개혁의 활동과제를 죽는 날까지 유지했을 뿐만 아니라, 더욱 발전적으로 수행해 나갔다. 쯔빙글리는 당시 상황 속에서 로마 가톨릭교회의 문제들을 반박하는 신학적 내용과, 종교개혁의 안정을 위한 정치적인 면에 더 많은 관심을 둘 수밖에 없었다. 하지만 불링거는 종교개혁의 공적인 완성을 위해 취리히 시민들의 신앙과 사회생활에 더 많은 관심을 쏟았다.

불링거는 1528년 처음 목사 선서를 한 이후, 47년 동안 목회 사역에 임하였다. 이 가운데 44년간은 취리히 그로스뮌스터교회의 대표목사와 취리히 교회(총회) 의장으로 활동했다. 이 사역 기간 동안 불링거는 교회 업무와 인적 및 서신 교류 그리고 취리히 학교 강의 외에도 왕성한 저술 활동을 했다.

불링거는 카펠 수도원의 교사로 활동하던 1526년에 처음 『고대와 우리시대의 이단들에 대한 비교』(Vergleich der uralten und unserer Zeiten Ketzereien)를[22] 저술했다. 그 후로 1575년 임종할 때까지 대략

---

21  Emidio Campi, Bullingers Rechts- und Staatsdenken, in: Evangelische Theologie, 64 Jahrgang, Deutschland 2004, 126: "Es ist Bullinger in Theorie und Praxis besser als Zwingli gelungen, das Ineinanderwirken von Pfarrern und Politischer Obrigkeit vor der Gefahr einer problematischen Vermischung zu bewahren."

22  Bibliographie, 1: VErglichung der vralten vnd vnser zyten kaetzeryen. ⋯ ⋯ Es muessend vnder üch spaltungen vnnd kaetzeryen sin damit die so bewert sind offenbar vnder üch werdint. 이 저술에는 저자, 인쇄업자, 출판된 지역과 날짜가 기록되

49년간 124권의 다양한 분야의 책을 출판했다. 로마 가톨릭교회, 재세례파 그리고 루터파 교회에 반대하는 다양한 논쟁적인 글들, 신구약 성경의 주해들, 설교집들, 목양적인 글들, 신학적 논문들, 교리서들, 신앙고백서들, 역사서들 등이다. 불링거는 앞서 언급한 것처럼 평생 7,000번이 넘는 설교를 수행했다. 일주일에 평균적으로 세 차례 정도 설교한 것이다. 주일, 화요일, 금요일에 연속적인 강해(Lectio Continua)방식으로 성경 말씀을 선포했다.[23] 불링거는 유럽 전역에 있는 신학자들, 목회자들, 군주 혹은 귀족들, 평신도들 등과 12,000통의 서신을 교환했다. 이 서신 교류는 불링거의 위치와 영향력이 어떠했는가를 증언해 주는 중요한 역사적 단서이다. 불링거의 이러한 방대한 활동은 취리히 교회와 신자들, 취리히 사회와 전 유럽에 흩어져 있는 교회들의 유익을 위한 것이었다. 여러 지역에서 고난 받는 신자들을 위한 헌신과 관련되어 있었다. 불링거는 모든 사역 속에서 항상 신자들의 유익을 생각하며, 하나님으로부터 소명 받은 목회자임을 한 번도 망각하지 않았다. 현재 남아있는 불링거의 모든 문헌적 유산은 하나님이 세우신 교회의 목자가 신자들과 고난 받는 사람들의 신앙적 유익을 위해 어떤 삶의 자세를 가져야 하는지 분명하게 확인시켜 준다.

취리히 교회의 의장으로서 44년 동안 행한 사역은 불링거가 임종

---

어 있지 않다. 당시 자료들을 통해 1526년에 취리히에서 한스 하거(Hans Hager)에 의해 인쇄된 것이 확인된다.

23  Büsser, Heinrich Bullinger: Leben, Werk und Wirkung, 166.

한 1575년 9월 17일까지 유지되었다. 그의 역사적인 등장으로 취리히 교회는 제네바 교회와 함께 온 유럽에 흩어져 있는 로마 가톨릭교회로부터 분리된 개혁된 교회를 위해 신학적·교회적·교회정치적인 중심지로서 그 역할을 성실히 감당했다.[24]

## 4) 생애의 끝

불링거가 취리히 교회에서 사역하는 동안 1535년, 1541년, 1549년, 1564-5년에 흑사병이 창궐했다. 1564-5년에 발생한 흑사병이 가장 참혹했는데, 취리히 인구의 3분의 1이 사망했다. 이 시기에 불링거도 흑사병에 감염되었지만 구사일생으로 회복되었다. 하지만 불링거의 가족들은 안타깝게도 긍휼을 누리지 못했다. 취리히를 공포로 몰아넣은 흑사병은 그의 가족들에게 큰 비극을 안겨 주었다. 아내와 세 딸과 한 명의 손자가 자신의 눈앞에서 죽어가는 것을 지켜봐야 했다. 불링거는 그날의 비극을 자신의 일기장에 생생하게 묘사했다.

> "다음날 밤에 흑사병은 내가 진심으로 사랑하는 아내 안나 아들리
> 슈빌러를 불러갔다. 그녀가 9일 동안 병으로 누워 있었을 때 깊은
> 신뢰로 하나님께 간구했지만, 9일째 되던 날 병상 위에서 숨을 거

---

24 A. Mühling, Bullingers Bedeutung fuer die europaeische Reformationsgeschichte, in: Evangelische Theologie 64, 2004, 105.

두었다. 1564년 9월 25일 월요일 정오였다. 그녀는 다음 날(26일) 낮 12시 각 도시에서 온 많은 일반인과 명망 있고 존경받는 인사들의 화려한 환송 가운데 엄숙하게 묘지에 안장되었다. … 10월 27일 새벽 4시 흑사병은 나의 사랑하는 딸 마가레타 라바터 (Margareta Lavater)를 엄습했다. 그녀는 다음날 10월 28일 아들 베른하르트(Bernhard)를 출산했는데, 아이는 겨우 이틀이 지난 10월 30일 유아 세례를 받았다. … 아이는 다음 날 밤에 죽었다. 아이의 엄마는 이미 10월 30일 밤 11시경 세상을 떠났다. 그녀는 31일 오후 4시 흙 속에 묻혔다. 많은 사람이 교회 입구에서 그녀를 마지막으로 전송하였다. 그녀는 칼스투엄(Karlsturm) 묘지에 안장되었다.”[25]

불링거보다 오래 생존한 자녀들은 11명 중 겨우 4명뿐이었다. 그의 가족사는 그에게 큰 슬픔과 상실감을 안겨 주었다. 하지만 불링거는 하나님의 뜻을 붙들고 묵묵히 견뎌냈다. 그가 목회자로서 유명해진 것은 이러한 슬픈 가족사와도 관련이 있다. 이러한 자신의 다양한 경험들로부터 고난에 처한 성도들을 위해 무엇을 행해야 하는지 분명히 깨달았기 때문이다.

1575년 9월 17일 불링거는 일 년 내내 방광염과 신장염으로 완전히 여위고 힘을 잃은 상태에서 영원한 안식에 들어갔다. 취리히 정부

---

25  Müller, Heinrich Bullinger, 44.

와 국민에게 한 교회를 이루어 종교개혁의 유산을 지속적으로 이행할 것을 호소하면서 숨을 거두었다.[26]

> "… 잘 알려진 진리에 머물며 또 너희 스스로 오직 하나님의 말씀을 의지하며… 모든 사람이 선하게 공의와 정의를 행하며, 가난한 사람들, 나그네들(외국 망명자들), 과부들, 고아들을 돌보며…. 병원과 양로원들… 또한 교사들, 학교에 대한 직무를 충성스럽게 수행하며… 너희는 외국의 영주들과 군주들과 함께한 동맹군들을 경계하며, 완고한 사람들에게 너희의 피를 팔지 말며, 안팎으로 안정과 평화를 위해 노력하라."[27]

불링거의 죽음 이후로, 그를 필적할 만한 후계자는 다시 나타나지 않았다. 취리히 교회는 유럽의 개혁파 교회 아래서 주도적인 권위를 잃어갔다.

---

26  Emidio Campi(Hg.), Heinrich Bullinger und seine Zeit, in: Zwinglians XXXI (2004), 35.

27  Carl Pestalozzi, Heinrich Bullinger: Leben und ausgewählte Schriften, (Elberfeld: R. L. Friderichs, 1858), 618-622: "... bleibet bei der erkannten Wahrheit und verlasset Euch allein auf die biblischen Schriften ... haltet jedermann gut Gericht und Recht; helfet den Armen, dem Fremdling, den Witwen und Waisen ... Den Spital und Siechenhäuser versehet getreu ... auch die Lehrer, die Schule ... hütet Euch vor Bündnissen mit fremden Fürsten und Herren, und verkaufet nicht das Blut Euerer biedern Leute; trachtet nach Frieden und Ruhe daheim und draussen ..."

# 2. 불링거의 사역

## 1) 불링거의 대표적인 저술

유럽 전역에 가장 많이 소개된 불링거의《50편 설교집》,[28]《취리히 합의서》,[29]《스위스 제2 신앙고백서》를[30] 간략하게 소개하는 것은 매우 의미 있는 일이다. 이 글들에서 확인되는 신학적 내용은 불링거의 고유한 사상만을 의미하지 않는다. 물론 구성과 논리적인 표현에서 불링거가 추구했던 독특한 면을 볼 수 있다. 그러나 그가 의도적으로 강조한 것처럼 로마 가톨릭교회의 전통을 경계하면서 사도적 가르침에 근거한 정통신학을 표명한 것이다. 또한, 루터와 쯔빙글리의 신학적 갈등과 관련하여 논쟁적이면서도 개혁파 신학의 독특성에 근거하여 모든 개혁파 교회가 공유하는 교회연합적인 신학을 드러낸 것이다.

---

[28] 라틴어 원문: Sermonum Decades quinque, de potissimis christianae religionis capitibus, in tres tomos digestae, authore Heinrycho Bullingero, ecclesiae Tigurinae ministro, Zürich, Christoph Froschauer 1552. (이하, SERMONUM DECADES QUINQUE.) 현대 독일어 편집본: Heinrich Bullinger, Dekaden, in Heinrich Bullinger Schriften, hg. von Emidio Campi, Detlef Roth & Peter Stotz, Bd. III-VI, Zürich: TVZ 2004. 영어 편집본: Henry Bullinger, The Decades, Tran. by H. I., Ed. Thomas Harding, Cambridge [Eng.]: Printed at the University Press 1851.

[29] CONSEN / SIO MVTVA IN RE / SACRAMENTARIA MINI- / strorum Tigurinae ecclesiae, & D. Io- / annis Caluinis ministri Geneven- / sis ecclesiae, … … TIGVRI EX OFFICINA / Rodolphi Vuissenbachij. / M.D.LI.

[30] CONFESSIO ET ESPOSITIO SIMPLEX ORTHODOXAE FIDEI, … TIGVRI Excudebat Christophorus Froschouerus, Mensse Martio, M.D.LXVI.

## 《50편 설교집》

불링거는 1549-1551년 사이에 네 가지 개별적인 서문과 네 부분[1-12편(1549년 3월), 13-32편(1550년 3월), 33-40편(1550년 8월), 41-50편(1551년 3월)]으로 구분되어 인쇄되었던 설교들을 종합해서 1552년에 방대한 목록이 첨부된 《50편 설교집》을 출판했다. 취리히 교회에서 실제로 선포한 50편 설교를 신학적 주제들에 따라 정리하여 묶은 것이다. 이 설교를 듣는 대상은 교회를 출석하는 일반 신자들이 아니라, 1525년에 세워진 취리히 라틴어 학교의 상급과정(Letorium)인 '예언회'(Prophezei)에서 교육받는 목회자들과 신학생들이었다. 그들에게 로마 가톨릭교회의 전통과 구별된, 성경적이고 사도적인 정통신앙을 제시하기 위한 목적으로 선포된 것이다. 물론 설교 방식과 설교구성을 교육하기 위한 목적이 있음을 부인할 수 없다.

특별히 《50편 설교집》의 개별 설교 분량이 워낙 방대할 뿐만 아니라, 각 교리적 주제가 매우 논리적으로 쓰인 이유는 불링거가 설교한 이후, 그 내용을 다듬은 다음 출판된 것으로 간주되기 때문이다. 그는 처음부터 완전한 문장으로 쓴 원고로 설교하지 않았다. 그가 요약문으로 선포한 것을 어떤 사람이 받아썼을 것이다. 그 후에 문장을 매끄럽게 만들고 많은 성경구절과 초대교회 교부들의 글들을 정확하게 인용하여 정리한 것이다.

불링거의 《50편 설교집》은 기독교 신앙의 총체적 내용을 담고 있다. 정통신앙을 확신하고, 개혁파 신학의 독특성을 확인시켜 주며,

거짓된 가르침을 방어할 수 있도록 해 준다. 조직신학적 저술은 아니지만 신앙의 중심적인 주제들이 논리적이고 선명하게 해설되어 있다. 당연히 교리 설교의 한 장르(Genre)로서 중요한 위치를 차지한다고 볼 수 있다. 불링거는 이 설교집을 통해 목회자, 주석가, 교사, 논쟁자, 변증가로서 면모를 나타내었다. 당시 큰 영향력을 가진 취리히 교회의 설교자로서 신학적 통찰을 보여 준 것이다. 불링거는 《50편 설교집》을 라틴어로 기록했는데 이것은 신자들을 위한 설교집이 아니라, 목회자를 위한 설교집임을 알 수 있다. 물론 신학적 문제에 관심을 가진 배움이 있는 신자들에게도 신앙의 유익을 주었다는 것은 말할 것도 없다. 이 설교집은 독일어·화란어·프랑스어·영어로 번역하여 출판되었다.[31] 독일어 번역은 '가정도서'(Hausbuch)라는 표지 제목으로 지상에 공개되었다. 불링거의 《50편 설교집》은 개혁파 교회의 모든 목회자에게 교리 설교의 모범이 되는 필독서로서 가장 많이 읽힌 그의 대표적인 저술이다.

## 《취리히 합의서》

1529년에 열린 '말부르크 종교회의'(Marburger Religionsgespräche)에서 루터와 쯔빙글리 사이에 성만찬 이해가 합의되지 못했다. 그로 말미암아 종교개혁의 신학적 입장에 근거하여 새로워진 개신교는 한

---

31  Müller, Heinrich Bullinger, 41.

교회로서 존립할 수 있는 기회를 잃었다. 독일 중북부지역을 중심으로 한 루터파 교회와, 독일 남부지역과 스위스를 중심으로 한 개혁파 교회로 양분되었기 때문이다. 물론 성만찬 이해는 개혁파 교회에서 쯔빙글리가 대표성을 가지고 있었음에도 불구하고 당시 종교개혁자들 사이에 미묘한 차이점들이 있었다. 쯔빙글리·외콜람파디·부처·불링거·무스쿨루스·파렐·깔뱅 등이 주장한 입장들은 당시 신학적이고 정치적인 배경 속에서 절충되었고, 변화된 사고의 집약을 통해 비로소 1549년에 새롭게 정리될 수 있었다. 불링거와 깔뱅 사이에 이루어진 성만찬 교리에 대한 신앙고백적 합의를 통해 개혁파 교회의 완전한 일치가 이루어진 것이다. 그 열매가 《취리히 합의서》이다.[32]

불링거가 자신의 핵심적인 고유한 입장에 대해 쯔빙글리의 사상을 완전히 포기한 것은 아니었다. 그러나 깔뱅이 주장한 '신비스러운 연합' 안에 있는 거룩한 성령의 현존과, 효과를 인정함으로써 개혁파 성만찬 교리에 대한 합의를 이룰 수 있었다. 《취리히 합의서》를 위해 불링거와 깔뱅은 1547년과 1549년 사이에 집중적인 서신교환과 인적교류를 하였다. 서신교환을 통해 성만찬에 대한 서로의 신학적 간격을 좁혀갔을 뿐만 아니라, 깔뱅이 취리히를 세 번이나 방문함으로써 서로에 대한 깊은 신뢰를 확인할 수 있었다. 깔뱅의 마지막 방문은 1549년 여름 취리히 일치의 최종 가결의 서명을 위한 것이었다. 《취리히 합의서》는 처음 1551년에 출판되었고, 그 후 유럽의 모든 개

---

32 Campi, Heinrich Bullinger und seine Zeit, 11.

혁파 교회에 전파되었다.

## 《스위스 제2 신앙고백서》

《스위스 제2 신앙고백서》는 하인리히 불링거의 저술 중에서 가장 먼저 한국에 소개된 것이다. 지금까지 구체적으로 소개되지 않았지만, 이 신앙고백서의 초안은 이미 1561년에 쓰인 것으로 알려져 있다.[33] 그리고 불링거가 1564년 흑사병에 걸렸을 때, 이 초안이 최종적으로 보완된 것으로 보인다. 그의 일기장(Diarium)에 쓰인 기록에 따르면, 내용면에서 많은 부분이 새롭게 첨삭되었다는 것을 알 수 있다. 1564년 9월 15일 감염된 흑사병(Pest)에 대한 죽음의 위협 속에서 불링거는 이렇게 밝혔기 때문이다. "… 주후 1564년 흑사병이 만연했을 때, 나는 이 신앙고백서를 작성했다. 나는 그 병으로 인하여 거의 죽은 것이나 다름없었다. 그래서 나는 이 신앙고백서를 작성하여 나의 믿음의 유언장과 나의 가르침의 신앙고백서로 남기기 위해 취리히 의회에 넘겨주었다."[34]

---

[33] Heinrich Bullinger, Das Zweite Helvetische Bekenntnis, Ins Deutsch uebertragen von Walter Hildebrandt und Rudolf Zimmermann mit einer Darstellung von Entstehung und Geltung sowie einem Namen-Verzeichnis, 5. Aufl, Zuerich 1998, 142 (Anhang: Entstehung und Geltung des Zweiten Helvetischen Bekenntnisses).

[34] Heinrich Bullingers Diarium (Annales vitae) der Jahre 1504-1574. Zum 400. Geburtstag Bullingers am 18. Juli 1904, Quellen zur Schweizerischen Reformationsgeschichte, hg. Emil Egli, Bd. II, Basel 1904: "... Ich hatte diese anno 1564 geschrieben, als die Pest um sich griff, um sie nach mir (das heisst nach meinem Hinschied) zurueckzulassen und dem Rat als Testament meines Glaubens und Bekenntnis meiner

특별히 불링거의 개인적 유언장이 공적인 신앙고백서로 출판될 수 있었던 것은 다급했던 역사적 배경과 맞물려 있다. 1565년 1월 14일 아우그스부르크(Augsburg)에서 개최될 제국회의에 참석할 각 지역 인사들의 명단 위에는 루터파 교회를 지지했던 다른 지역의 선제후들과 달리, 개혁파 교회를 후원했던 팔츠(Pfalz)의 선제후 프리드리히 3세(Friedrich III.)를 매우 불안하게 하는 두 가지 질문이 놓여 있었다. 첫 번째 질문 내용은 "어떻게 기독교 종교를 정확하게 이해하고 있는가?"였고, 두 번째 질문은 "어떻게 만연된 미혹적인 교파들을 예방할 수 있는가?"였다. 두 번째 질문은 1555년 '아우그스부르크 종교평화협정'(Augsburger Religionsfrieden)에서 인정받지 못한 개혁파 교회와 직접적으로 관련된 것이었다. 개혁주의자들은 분파주의자들로서 루터주의자들의 반대자들로 취급되었을 뿐만 아니라 항상 박해의 위협이 있었다. 이러한 상황 속에서 프리드리히 3세는 자신의 신앙적 입장과 동일한 스위스 신학자들에게 두 질문의 신학적 답변을 위한 도움을 요청한 것이다.[35]

불링거는 1565년 12월 18일 하이델베르크(Heidelberg)에 있는 프리드리히 3세에게 '우리 믿음의 해설'이라는 제목의 라틴어 신앙고백

---

Lehre zu uebergeben." 불링거는 1564년 12월 일기에서 《스위스 제2 신앙고백서》를 작성하게 된 배경과 함께 팔츠 선제후의 요청 속에서 이 신앙문서를 제공했다는 것을 밝히고 있다. 참고로, 캄피 교수는 《스위스 제2 신앙고백서》의 저술 배경과 관련하여 이제까지 주장과 조금 다른 내용을 제시하고 있다. 필자는 이 주장이 아직 논쟁 중에 있는 내용이기 때문에 여기에서 언급하지 않았다. (이 책의 66-68장을 보라.)

[35] J. F. G. Goeters, Die Rolle der Confessio Helvetica Posterior in Deutschland, in: Glauben und Bekennen, Hg., Joachim Staedtke, Zuerich 1966, 81-98.

서를 첨부했다. 팔츠의 선제후는 불링거의 신앙고백서를 읽고 크게 만족하여, 이 신앙고백서를 곧바로 출판하는 것뿐만 아니라 독일어로 번역되었으면 좋겠다는 입장을 제시했다. 결국 프리드리히 3세는 정치적 위협에도 불구하고 불링거의 신앙고백서를 통해 아우그스부르크 제국회의에서 위기를 극복할 수 있었다. 비록 뒤늦게 1648년 '베스트팔렌 평화조약'(Westfälischer Friede)을 통해 공식적으로 실현되었지만, 독일에서 개혁파 교회가 루터파 교회와 동등하게 인정받을 수 있는 하나의 계기가 되었다.[36] 무엇보다도 불링거의《스위스 제2 신앙고백서》는 프리드리히 3세의 요청으로 취리히와 베른 그리고 제네바 교회의 신학자들에 의해 상세하게 검토되었다. 그리고 1566년 3월 12일 취리히에서 라틴어와 독일어로 동시에 출판되었다.[37] 1536년에 작성된《스위스 제1 신앙고백서》를 끝까지 고집한 바젤을[38] 제외하고, 앞서 언급된 세 도시와 함께 모든 스위스 연방 안에 있는 개혁파 도시들인 샤프하우젠(Schaffhausen), 뮐하우젠(Muelhausen), 쿠어(Chur), 비엘(Biel), 샹갈렌(St. Gallen) 등은 곧바로《스위스 제2 신앙고백서》를 개혁파 교회의 공적인 신앙문서로 승인했다. 이후에 프랑스·스코틀랜드·독일·화란·오스트리아·폴란드·헝가리 등의

---

36  Bullinger, Das Zweite Helvetische Bekenntnis, 141 (Anhang).

37  Buesser, Heinrich Bullinger: Leben, Werk und Wirkung, I, 167.

38  《스위스 제1 신앙고백서》가 바젤에서는 『바젤 제2 신앙고백서』(Confessio Basileensis posterior)로 명칭되어 사용되었다. (Ernst Saxon, Bullinger, Calvin und der《Consensus Tigurinus》, in: Der Nachfolger. Heinrich Bullinger (1504-1575). Katalog zur Ausstellung im Grossmünster Zürich 2004, hg. Emidio Campi u.a., Zürich: TVZ, 2004, 91.)

개혁파 교회들도 불링거의 신앙고백서를 수용하였다. 헝가리 개혁파 교회는 1567년에 《스위스 제2 신앙고백서》를 신앙과 삶의 표준문서로 받아들인 후로 지금까지 존중하고 있다.


## 2) 불링거의 개혁 활동

불링거의 교회론에 의하면, 눈에 보이는 지상의 보편 교회(Catholica Ecclesa)는 개별 교회들과 모든 가시적인 지체들로부터 형성된다.[39] 이 보편 교회는 각 나라와 도시에 흩어져 있는 고유한 이름과 함께, 한 명의 목사와 특정한 숫자의 신자들로 구성된 각기 독립된 교회들의 총수를 의미한다. 즉 이 세상의 셀 수 없는 장소들 위에 세워진 개별 교회들인 것이다. 한 실례로, 취리히에 교회가 세워지면, 그 교회는 하나의 개별 교회로서 '취리히 교회'로 간주된다. 이렇게 볼 때, 보편 교회는 개별 교회들의 집합이며, 개별 교회들은 보편 교회의 한 일원이다. 개별 교회들은 보편 교회와 결코 분리될 수 없을 뿐만 아니라, 보편 교회에 속하지 않은 개별 교회들은 없다. 보편 교회와 개별 교회들의 관계는 예수 그리스도를 통해 서로 연결된다. 개별 교회들은 파편적으로 흩어져 있는 동시에, 예수 그리스도의 한 지체로서

---

39 SERMONUM DECADES QUINQUE, 743: "Porro universalis ecclesia ex omnibus colligitur particularibus in universo mundo ecclesiis omnibusque membris suis visibilibus."

유기적으로 서로 묶여 있는 것이다. 그럼으로 불링거는 유일한 주권 자이신 예수 그리스도에 의해 통치되는 "오직 하나님의 한 교회가 존재할 뿐 여러 교회가 존재하지 않는다"고 말했다.[40] 이러한 이해 속에 불링거는 모든 개별 교회가 주님이 오실 때까지 보편 교회의 일원임을 확인시켜 주는 외적 표지만이 아니라, 보편 교회의 지속성을 위한 교회의 조직과 구조에 대해서도 관심을 가졌다. 그리하여 신학적 갈등으로 분열된 교회들을 다시 회복시키기 위한 노력을 기울였다. 그런 까닭에 불링거가 보편 교회의 한 일원으로서 취리히 교회의 지속을 위해 시도했던 교회적, 교육적 그리고 사회적 실천들을 구체적으로 살펴보는 것은 큰 의미가 있다.

## (1) 교회개혁

### ① 교회규범의 제정

불링거는 새로운 취리히 교회 의장으로 선출된 다음 해 1532년 10월 22일 쯔빙글리의 친구이자 동역자인 유드와 함께 작성한 《취리히 설교자와 총회 규범》(Zuericher Prediger und Synodalordnung)을 공포했다.[41] 이 교회규범은 총회, 직분, 교회와 정부 사이의 관계를 선명하

---

40  SERMONUM DECADES QUINQUE, 769: "Proinde certissimum est unam esse duntaxat ecclesiam dei, non plures, cui unicus monarcha preˌsidet: Iesus Christus."

41  제네바에서 교회 규범은 처음 1541년과 1561년에 공포되었다. 1561년에 공포된 교회 규범은 내용이 처음 제정된 것과 다르지 않다. 이전 것과 비교할 때 교회의 역할이 강화되면

게 제도화시킨 것이다. 독립적 교회규범이면서 취리히 풍속단속법원에 의해 시행되었던 치리와 관련하여, 일부 교회의 역할이 정부에 이양된 정부 참여적 교회규범이기도 하다. 취리히 종교개혁의 특성과 관련하여 교회의 치리에 대한 정부의 일정한 역할이 상호협력 속에 존중되었다. 물론 17세기 영국에서 장로회주의자들과 논쟁의 중심에 있던 에라투스주의자들이 말하는 정부가 교회를 다스리는 입장은 결코 아니다.[42] 당시 사무엘 러더포드(Samuel Rederford)는『교회 권세의 거룩한 빛』(Divine Right of Church Government, 1645)에서, 조지 길레스피(George Gillespie)는『아론의 싹난 지팡이』(Aaron's Rod Blossoming, 1646)에서 불링거의 입장이 에라투스뿐만 아니라 에라투스주의자들과도 구별됨을 분명히 밝혔다.

취리히 교회규범은 크게 세 가지 항목들로 구성되어 있다. 1. 설

---

서 몇 가지 사안들이 조금 바뀌었을 뿐이다. 취리히의 입장과 다르지만 제네바 교회의 위치를 합법적이고 엄숙하게 표현한 것을 의미한다. 실제로, 제네바 교회 역시 취리히 교회처럼 국가교회였다. 사실, 외형적으로 교회와 국가의 관계는 제네바나 취리히나 차이가 없었다. 그 시대적 상황과 관련하여 깔뱅 역시 불링거처럼 정부와의 협력 속에 교회의 중대한 일들을 결정하고 시행할 수 있었기 때문이다. 다만 제네바 교회와 취리히 교회가 다른 점은 크게 정부의 간섭이 법적으로 교회 영역에서 실행되는가 혹은 되지 않는가에 있다. 제네바 교회의 규범에는 명시적으로 교회와 관련한 어떠한 정부의 역할도 삽입되어 있지 않다. (Paul Muench, Zucht und Ordnung: Reformierte Kirchenverfassungen im 16. und 17. Jahrhundert (Nassau-Dillenburg, Kurzpfalz, Hessen-Kassel), Stuttgart 1978, 30.)

[42] Andries Raath and Shaun De Freitas, From Heinrich Bullinger to Samuel Rutherford: The Impact of Reformation Zurich on Seventeenth-Century Scottish Political Theory, in: Heinrich Bullinger Life – Thougt – Influence. Zurich, Aug. 25-29, 2004 International Congress Heinrich Bullinger (1504-1575) Hg. von Emidio Campi & Perter Opitz, Vol. II, Zuerich 2007.

교자들의 선택과 파송, 부양에 관하여 2. 설교자들의 가르침과 삶에 관하여 3. 총회의 구성과 모임, 목사의 직무와 사역, 교회와 정부에 대한 목사의 의무에 관한 것이다. 특별히 우리가 주목해야 할 점은 제네바 교회규범과 비교할 때, 취리히 교회규범은 목회자의 치리가 좀 더 소극적인 점이다. 제네바 교회보다는 덜 엄격하게 이루어진 것이다. 취리히 교회의 목회자 치리는 교회와 국가의 관계 속에서 그곳 의회와 치리회의 역할을 했던 시험감독기관을 통하여 협력적으로 수행되었다. 목사가 잘못했을 경우에 형제적 권고로부터, 공적인 문책을 넘어 다른 교회로 전출되기도 했다. 만일 회복될 기미가 보이지 않을 때, 그 목사는 가장 높은 처벌로서 면직되었다.[43] 이 시험감독기관은 취리히 대·소 의회의 두 명의 위원들, 세 명의 지역 목사들, 두 명의 신학교수들 그리고 두 명의 그로스뮌스터교회의 협력 목사들로 구성되었다. 모든 교회에 대한 감독권을 가지고 있는 시험감독기관은 목회자 후보생을 위한 시험과 안수를 시행하고, 취리히 총회에 속한 모든 목사와 교회를 관리·감독했다. 불링거는 시험감독기관의 의장으로서 취리히 교회의 신학적 건전성과 목회자들의 모범적 삶을 위해 최선을 다했다. 이 교회규범을 통하여 불링거는 로마 가톨릭교회의 신앙적 색채를 완전히 극복하고 오직 종교개혁에 기반을 둔 취리히 교회의 정체성을 확고히 했다.

취리히 교회규범의 성격은 쯔빙글리 죽음 이후 발생된 정치상황

---

43 에미디오 캄피, 스위스 종교개혁, 김병훈 외 4인 공역, 합신학대원출판부 2016, 165.

과 무관하게 이해될 수 없다. 정부의 도움 없이 종교개혁을 완성할
수 없었던 취리히 교회의 현실과 고민이 그 안에 녹아 있음을 알아야
한다. 이 교회규범은 불링거의 사역 기간뿐만 아니라, 프랑스 혁명
(1789)이후 나폴레옹이 집권한 구체제(Ancien regime)에까지 유지되
었으며, 몇 가지 사안들은 현재까지 효력을 가지고 있다.

　② 예배 모범의 제정

취리히 교회의 안정과 신앙의 일치를 위해 1535년 예배 모범이 새롭
게 제정되었다. 개혁파 교회의 한 전통적 예배 모범을 세운 것이다.[44]
쯔빙글리의 예전을 계승한 것이지만 예전에 대한 다양한 자유 형식
들도 담겨 있다. 흥미로운 점은 취리히 예배 규범은 이때로부터 거의
100년 동안 큰 변화 없이 유지되었다는 사실이다. 취리히 교회의 관
습과 제도에 관한 짧은 책을 저술했던 루드비히 라바터(Ludwig
Lavater)는 이렇게 강조했다. "취리히 교회는 일반적으로 사도시대로
부터 교회에 존재해 온 것들을 항상 유지해 왔다. 즉 이 교회는 교리,
기도, 성례, 교회의 좋은 질서를 세우는 모든 다른 요소들을 가지고
있었다."[45]

─────────────

44　Büsser, Heinrich Bullinger: Leben, Werk und Wirkung , I, 142-161.

45　Ludwig Lavater, De ritibus et institutis ecclesiae Tigurinae opusculum, Zürich: Fro-
schauer, 1559, 3b-4a: "der Zürcher Kirche im allgemeinen nichts fehlt, was zu Zeit-
en der Apostel in den Kirchen Brauch gewesen ist. Sie besitzt nämlich eine Lehre,
Gebete, Sakramente und alles andere, was zur guten Ordnung der Kirche gefunden

취리히 교회의 예배 모범은 여섯 가지로 그 특징을 정리할 수 있다.[46]

첫째, 설교와 기도 중심의 예배로 구성되었다. 주일 예배의 설교 전에 하나님의 은혜와 말씀의 조명을 위한 기도와 설교 후에는 공적인 회개, 죄 용서에 대한 간구, 주기도문의 순서로 기도를 드렸고, 십계명 낭송과 사도신경을 고백하였으며, 축도로서 예배를 마쳤다. 성례와 함께 드리는 예배는 설교 후 참회, 세례, 성만찬이 이루어졌다. 전통적 교회절기를 기념하던 것을 거부하고 성경을 지속적으로 강해하였다. 쯔빙글리는 인간의 감정을 자극하는 리듬이 강조된 음악은 하나님의 말씀을 왜곡할 수 있으므로 교회 찬송을 허락하지 않았다. 하지만 불링거와 그의 후계자들은 쯔빙글리의 입장을 효과적으로 변화시켜, 1598년부터 취리히 교회에서 악기 없이 찬송가를 불렀다. 실제로 취리히 교회에서 오르간 사용은 19세기까지 금지되었다.[47] 예배는 주일에 취리히 성벽 안에 있는 네 곳의 교회에서 두 번의 오전 예배(겨울 오전 8시와 11시, 여름 오전 7시와 11시)와 신앙교육 설교로 구성된 한 번의 오후 예배로 드려졌다. 농촌에서는 아침 예배와 오후 신앙교육 예배로 드렸다. 둘째, 금요일에는 시장이 서는 것 때문에 월요일에서 목요일까지 드렸던 아침 예배는 취리히에 사는 전체 국

---

und eingesetzt worden ist."

46  Zürcher Kirchenordnungen 1520-1675, ed. Emidio Campi und Philipp Wälchli, 2 Bde (Zurich: TVZ, 2011), Bd.I, No. 59, 137-138.

47  Markus Jenny, "Reformierte Kirchenmusik? Zwingli, Bullinger und die Folgen," in Das reformierte Erbe. FS Gottfried W. Locher, 2 Bde, ed. Heiko A. Oberman et al. (Zürich: Theologischer Verlag,1992),1:187-205.

민을 위한 성경공부로 진행하였다. 일반적으로 새벽 5시와 오전 8시에 드렸다. 농촌에서는 주중 각 지역의 상황에 따라 세 번에서 네 번의 예배를 드렸다. 셋째, 절기 예배는 일 년에 세 번, 성탄절, 부활절, 성령강림절을 기념하였다. 넷째, 성찬식은 예배 시 예전적 실행으로만 구성하지 않았다. 즉 성찬식을 행하기 전에 성찬식의 의미와 사용을 설명해 주는 설교를 선포하였다. 다섯째, 어린이와 청소년 그리고 새로운 신자들을 위해 토요일과 주일에 신앙교육 예배를 드렸다. 여섯째, 화요일에는 정기 기도회를 개최하였다. 16세기 동안에는 언제나 열렸고, 특별한 시대적인 사건들이 발생했을 때에는 참회 예배로 드렸다. 그밖에 교회의 장례식은 허용하지 않았다. 오직 죽은 자들에 대해 공고만 하였다. 교회의 결혼식은 유지하였지만 더는 성례로 시행하지 않았다. 주일 예배 때 거행한 결혼식은 하나님의 축복 아래 교회 공동체의 기도와 함께 짧게 진행하였다. 불링거는 그로스뮌스터교회에서 1532-1538년까지 매일, 그리고 그 이후 임종까지는 주일과 주중에 두세 번씩 설교를 했다.

### ③ 목회자들의 부양 문제

취리히 종교개혁이 시작된 이래로, 수도원들이 폐쇄되고 로마 가톨릭교회들이 개신교로 전환되면서, 많은 수도사와 사제가 새롭게 개신교 목사의 신분을 갖게 되었다. 이때 목사들은 가정을 새롭게 이루었다. 목사들이 가정을 가지면서 경제적 부양에 대한 문제가 심각하게 대두되었다. 목회자들의 덕목으로 경건, 성실, 청빈이 강조되었으나 당시 어려운 현실 속에서 많은 목회자가 빈곤하게 살았기 때문이다. 목회자들의 안정되지 못한 생활은 결국 교회나 성도들에게도 유익하지 않았다. 실제로 16세기 초반 취리히 교회의 재산은 모든 목회자의 생계를 책임지기에는 충분하지 못했다. 이미 취리히 정부가 종교개혁이 시작되는 때부터, 목회자의 부양에 대해 보증을 하였음에도 불구하고 현실적으로 잘 지켜지지 않았다. 취리히 정부는 국유화된 교회 재산을 쯔빙글리가 목숨을 잃었던 카펠 전쟁에 대한 전쟁차관으로 지출했다. 심지어 정부 청사를 구입하는 일로도 허비했다. 교회와 관련이 없는 일들에 사용한 것이다.[48] 이 때문에 당시 부모들은 자녀들이 목회자로 부름 받는 것에 대해 현실적인 부담이 있었다.[49] 우수한 학생들이 거의 8년간 라틴어 학교(Lateinschule)와 전문학교(Hohe Schule)에서 엄격한 학문적 과정을 거쳐 어려운 시험을 통과하고 교회 사역자가 되었지만, 그 현실은 너무도 열악했기 때문이다.

불링거는 1536년에 목회자 부양 문제를 개선하고자 조치를 단행할 수밖에 없었다. 먼저, 취리히에서 활동하는 모든 목사의 가정형편, 경제적 상태 및 급여 여건을 철저하게 조사했다. 그리고 취리히 정부를 설득하여 목회자 부양과 관련된 부족한 경제지원을 받도록

---

[48] Hans U. Bächtold, Bullinger und die Obrigkeit, 『Vorträge, gehalten aus Anlass von Heinrich Bullingers 400. Todestag』, hg. Ulrich Gräbler & Endre Zsindely, (Zürich: TVZ, 1977), 79.

[49] K. J. Rueetschi, Bullinger, der Schulpolitiker, 『Der Nachfolger Heinrich Bullinger (1504-1575)』, (Zürich: TVZ, 2004), 69.

했다. 물론 불링거가 기대하는 만큼 성과를 얻기란 쉽지 않았고, 완전히 관철될 때까지 긴 시간이 걸린 것도 사실이다. 이와 관련하여 주목되는 한 사건은 1546년에 취리히 정부가 의회 의원들의 봉급제 도입에 필요한 재정을 수도원 농지의 수익으로 충당하고자 한 것과 관련하여 불링거가 강하게 비난했던 사건이다. "취리히 정부 관리들은 오직 교회의 재산으로 뒹굴기 위해 복음을 받아들일 뿐이다."[50] 이러한 과정에서 몇몇 사안들이 개선되고, 교회 재산에 관한 불링거의 제안이 존중되었다. 그러나 교회의 재산 사용과 관련하여 취리히 교회와 정부 사이에 분쟁의 소지가 있는 잠재적 문제들은 여전히 남아 있었다. 결국 교회의 재산은 취리히 정부에 의해 운영되지만, 그 사용은 '오직 교회와 관련된 일들에 국한한다'는 것으로 약속되었다. 이를 통해 목사들의 급여가 정부에 의해 보장됨으로써 목회자 부양 문제가 해결되었다.[51]

## (2) 교육개혁

### ① 목회자를 위한 신학교육

16세기 당시 개신교 신학교는 종교개혁의 이상을 현실로 만들어 줄 가장 좋은 수단 중의 하나였다. 하나님의 영광을 위해 교회의 봉사자

---

50    Bächtold, Bullinger und die Obrigkeit, 82.

51    Müller, Heinrich Bullinger, 38.

와 사회의 지도자를 길러내는 것을 목적으로 하였다. 중세 후반까지 지대한 영향을 끼친 스콜라적인 추상적 교육을 지양하고, 교회와 성도들에게 실제적으로 유익이 될 수 있는 실천적인 지식을 쌓도록 하였다. 하나님의 교회를 바로 세우고, 바른 신앙정신 위에 세대와 세대를 넘어 교회를 유지할 수 있는 기관으로 이해된 것이다. 이미 존재하고 있는 신학교나 대학교 옆에서 16세기 초중반 유럽의 개혁파 도시들 안에 세워진 '예언회'(Prophezei)로부터 발전된 취리히(Schola Tigurina)나 제네바(Geneva Academie) 같은 목회자 교육을 위한 전문들(Hohe Schulen)이 개신교 목사들을 길러내는 데 중심적 역할을 감당했다. 특히, 취리히에서 종교개혁을 안정시키고 그 지속성을 유지하기 위해 신앙 정체성을 확고히 하는 것이 매우 시급한 일이었다. 필수적으로 목회자 신학교육이 필요하였던 것이다. 쯔빙글리는 학교를 교회 갱신을 위한 수단으로 보았다. 그리고 하나님과 인간 사이를 중재하는 사제계급이 교회 안에 더는 필요하지 않다고 보는 종교개혁의 열매로도 생각하였다. 학교교육을 사제와 평신도 사이의 지식과 계급의 차이를 극복할 수 있는 수단으로 이해한 것이다. 쯔빙글리는 목회자들이 결국 신적인 말씀의 선포를 통해 성도들을 복음적 진리로 인도하는 교회 교사이므로, 학교에서 전문적 신학교육의 연마가 필요함을 직시했다. 이 때문에 1525년 7월 19일 쯔빙글리에 의해 명명된 '예언회'가 설립된 것이다. 쯔빙글리 사후에 취리히 교회에서는 130여 명의 목회자 교육과 지속적인 목회자 수급을 위해 효율적이고 체계적인 학교의 필요성이 더욱 대두되었다. 이러한 배경 속에서 1532

년 2월 17일 불링거는 취리히 의회로부터 그로스뮌스터교회의 부속기관인 라틴어 학교를 전문신학교로 개편해도 좋다는 답변을 받아냈다.

취리히 교회 의장인 불링거는 1532년 10월에 테오도르 비블리안더(Theodor Bibliander)와 함께 새로운《취리히 학교규범》을 작성했다. 하나님의 영광을 위한 교육과 훈련된 삶이 학교의 설립 목적으로 제시된《취리히 학교규범》은 그로스뮌스터의 라틴어 학교를 새롭게 재편하여 지속적으로 발전할 수 있는 기초를 닦았다.[52] 이 규범에 근거하여 목회자들에 대한 더욱 효율적이고 체계적인 교육을 위해 취리히 학교의 개혁이 단행된 것이다. 그 결과 예언회는 1532년 말에 라틴어 학교를 졸업한 이후 오직 시험에 합격한 학생들만 갈 수 있는 더욱 전문화된 상급학교 과정(Lectorium)으로 발전되었다.[53] 이곳 라틴어 학교의 학생들은 명망 있는 신학자들과 성경인문주의 인식을 가진 교사들 지도 아래 고전어(히브리어·헬라어·라틴어), 성경 해석과 번역·신학(교리)·철학·과학 등을 배우면서, 앞으로 개혁파 목사가 될 사람들로서 전문적 지식과 소양을 갖춰갔다. 카펠 전쟁의 패전으로 취리히 정부가 막대한 전쟁 배상금을 지불하는 문제로 처음 교회

---

52  그로스뮌스터 라틴어 학교는 1532년에 3등급으로 구성된 기본과정(Lateinschule)과 이미 쯔빙글리에 의해 '예언회'로 불린 상급과정(Loktorium)으로 구분된 전문학교로 재편되었다. 그 이후 1546년에 기본과정이 5년으로 확대되었고, 1548년에는 상급과정과 관련하여 초급 목사들이 지속적으로 참여할 수 있는 강좌에 관한 규정이 마련되었다. 오랜 시간 동안 존속된 종합적인 학교규정은 1559년에 새롭게 공포되었다. (Hans U. Bächtold, Heinrich Bullinger und die Entwicklung des Schulwesens in Zuerich, 『Schola Tigurina』, (Zuerich & Freiburg: Pano Verlag, 1999), 49.)

53  H. U. Baechtold, Heinrich Bullinger und die Entwicklung des Schulwesens in Zuerich, in: Schola Tigurina, Zuerich und Freiburg 1999.

와 정부 사이에 교회의 재산 사용에 관한 논쟁이 있었다. 하지만 그 이후 그로스뮌스터교회의 자선기금과 다른 모든 교회의 재산은 〈오직 학교와 가난한 사람들을 돌보는 일에 쓰여야 한다〉는 취리히 의회의 결정이 이루어졌다. 교수들, 학교 공간, 학업여건 등이 충원되고 개선되었으며, 학생들이 경제적 어려움 없이 학문에 열중할 수 있도록 장학금도 지급되었다. 재능 있고 성실한 학생들에게는 취리히 정부와 교회의 후원으로 신학과 의학 분야를 외국에서 배우는 기회도 마련되었다.

종교개혁 이전과 달리 당시 전문교육을 받은 목회자들은 바른 신앙의 전제 아래 신학적으로나 윤리적으로 잘 준비되었다. 그들의 수고와 협력 아래 취리히 교회는 더욱 든든히 서 갈 수 있었다.

② 평신도들을 위한 신앙교육

취리히 교회는 목회자들의 신학교육과 함께 학생들과 평신도들에 대한 신앙교육에도 관심을 가졌다. 신앙교육의 목적은 기독교 신앙의 인식과 교리적 무지의 극복뿐만 아니라, 신앙의 변질 없이 세대와 세대를 넘어 교회를 보존하기 위한 것이었다. 불링거가 실천적인 신앙교육을 통해 의도한 것은 믿음과 삶이 결코 신앙 지식이나 경건과 서로 분리되지 않는 것이었다.[54] 그에게 있어 신앙교육은 어느 특정한

---

54 Sang-Bong Park, Heinrich Bullingers kateketische Werke, Dissertation zur Erlangung der Doktorwürde an der Universität Zürich (2011), 1.

세대를 위한 것이 아니라 모든 세대를 목표로 했다. 먼저, 어린 세대에게 교회, 학교 그리고 가정의 신앙교육을 통해 경건한 삶으로 변화되어가기를 기대하였다. 다음으로 성인들은 구교와 신교의 분리 후 새로운 믿음의 질문들에 대해 바른 인식을 가져야 한다고 확신했다. 기독교 교리에 대한 바른 이해를 돕고 경건의 삶을 강화시키며 신앙 공동체적 삶에 관심을 갖게 하는 데 중점을 둔 것이다. 즉 불링거는 모든 연령층을 위한 신앙교육을 종교적이고 사회공동체적인 책임으로서 반드시 필요한 교회 프로그램으로 간주했다.[55] 물론 신앙교육이 교회들과 성도들 사이에 신앙적 일치를 제공한다는 것도 분명히 했다. 보편 교회를 구성하고 있는 개별 교회들이 추구하는 신앙의 다양성을 최소화하고, 개별 교회에 속한 성도들이 무엇을 배워야 하는가를 확정해 주며 그리고 다양한 생각의 성도들을 한 신앙 정신으로 묶는 역할을 했기 때문이다.[56] 새롭게 개종한 신자들이나 초신자들도 신앙교육을 통해 기존 신자들과 신앙의 일치를 이룰 수 있었다.

불링거는 신앙교육의 가시적인 실효성을 끌어내기 위해 신앙교육서(Katechismus) 작성에도 부단한 열심을 보였다. 쯔빙글리의 사망 후 취리히에서 공적으로 어린 세대의 신앙교육을 위한 새로운 길이 열렸다. 불링거와 유드가 작성하여 1532년 10월 6일에 공포한 《취리히 설교자와 총회 규범》에서 취리히 의회는 어린 세대의 신앙교육에

---

55    Park, Heinrich Bullingers kateketische Werke, 2.

56    Park, Heinrich Bullingers kateketische Werke, 16-7.

관한 입장을 표명했다.[57] 특징적으로 신앙교육 수업(Katechismus-unterricht)의 틀 안에서 어린이 설교를 해야 한다는 것이 강조되었다. 사도신경, 기도, 십계명, 성만찬에 대한 이해가 담긴 신앙교육서를 해설하는 것이다. 그럼에도 불구하고 당시 취리히 학교에서 사용할 수 있는 적합한 신앙교육서가 없었다. 그리하여 1533년 취리히 총회는 다음 총회 때까지 신앙교육서의 집필을 레오 유드에게 위탁했다. 유드는 1534년과 1539년 사이에 교회와 학교 그리고 가정에서 사용할 수 있는 세 권의 공적인 신앙교육서의 집필을 마쳤다. 1534년에 독일어로 쓴 청소년을 위한 《대요리문답서》와[58] 어린이들을 위한 《소요리 문답서》가[59] 출판되었다. 1535년에 라틴어 학교의 학생들을 위한 《짧은 신앙 문답서》가[60] 출판되었다. 유드는 개인적으로 지금의 유치원생들을 위한 《아주 작은 어린이들을 위한 문답서》를[61] 쓴 것으

---

57 취리히 문서 보관서, E II 372. 2v. (H. U. Baechtold, Heinrich Bullinger vor dem Rat, Bern und Frankfurt am Main 1982, 63.)

58 Catechismus. Christliche, klare vnd einfalte ynleitung in den Willen vnnd in die Gnade Gottes, darinn nit nur die Jugendt sunder ouch die Eltern vnderricht, wie sy jre kind in den gebotten Gottes, inn Christlichen glouben, vnd rechtem gebätt vnderwysen mögind. Geschriben durch Leonem Jude, diener des worts der kilchen Zürych, 1534.

59 Ein kurtze Christenliche vnderwysung der jugend in erkanntnusz vnd gebotten Gottes, im glouben, im gebaett, vnd anderen notwendigen dingen, von den dieneren des worts zu Zürych gestelt in fragens wysz, 1535.

60 Catechismus. Brevissima christianae religionis formula, instituendae juventuti Tigurinae cate-chizandisque rudibus aptata, adeoque in communem omnium piorum utilitatem excusa a Leo Jud ad Lectorem, M.D.XXXIX.

61 Der kuertzer Catechismus. ⋯ ⋯ Getrucht zu Zuerych by Christoffel froschouer / im Jar ... M.D.XXXVIII.

로도 알려져 있다.

특별히 불링거는 1550년대의 역사적으로 또한 종교적으로 혼란이 극심했던 상황 속에서도 네 권의 신앙교육서를 집필했다. 《헝가리 교회들과 목사들에게 쓴 서신》(1551), 《기독교 신앙요해》(1556), 《박해받는 사람들의 답변을 위한 보고서》(1559), 《성인들을 위한 신앙교육서》(1599)이다. 그리고 이 글들은 저술 동기에 의해 두 종류로 구별할 수 있다. 먼저, 《헝가리 교회들과 목사들에게 쓴 서신》과 《박해받는 사람들의 답변을 위한 보고서》는 종교적 핍박 아래 있는 절박한 신자들의 신앙고백적인 교육을 위해 쓰인 것이다. 로마 가톨릭교회를 반대하는 비판적이고 논쟁적인 특징이 매우 강하게 표명되어 있으며, 기독교의 핵심교리가 간결하고 분명하게 설명되어 있다. 다음으로 《기독교 신앙요해》, 《성인들을 위한 신앙교육서》는 선명한 기독교 진리의 인식을 위한 수업교재로 활용된 것이다. 어린이와 학생들을 포함한 모든 평신도들이 교회와 학교와 가정에서 반드시 학습해야 하는 기독교의 기본교리가 체계적이고 요약적으로 기술되어 있다. 네 권의 신앙교육서에 대한 불링거의 절대적인 관심은 당시 종교개혁 이후 세대의 신앙교육 때 믿음과 삶(Glaube und Leben)이 신앙지식과 경건(Glaubenwissen und Frömmigkeit)으로부터 결코 분리되지 않아야 한다는 전제 아래 놓이게 되었다.

취리히 신앙교육서는 교회 안에서 설교되었고, 학교에서 가르쳐졌으며 가정에서 읽혀졌다.[62] 신앙 지식이 없는 성인들과 어린이들에게 체계적인 기독교 신앙을 이해하도록 하는 데 중요한 역할을 감당한 것이다.[63] 불링거가 신앙교육에 관심을 가진 것은 한 세대로 끝나는 교회가 아니라, 세대와 세대를 넘어 굳건히 서 있는 교회를 지향하기 위해 가장 실천적인 청사진을 그려낸 것이었다. 물론 이러한 그의 안목은 16세기 당시 교회가 당면한 신앙적이고 시대적인 문제들을 성경의 가르침을 통해 극복하기 위한 방법이었다는 사실을 기억해야 할 것이다. 신앙교육을 통해 교회가 세워지고, 신자들이 활동하는 모든 영역에서 종교개혁이 당시와 이후의 시대까지 역동적인 힘을 발휘하도록 지지기반을 다지며, 더 나아가 장구한 역사성을 충실히 이어가는 데 역점을 둔 것이다.

## (3) 사회개혁

### ① 가난한 사람들에 대한 부양

취리히 교회개혁은 자연스럽게 사회개혁으로 이어졌다. 쯔빙글리 당시 사회개혁 성과 중의 하나는 가난한 사람들의 부양과 관련되어 있었다. 취리히 종교개혁자는 거리에서 구걸하는 것을 중지시킨 대신

---

62  이남규, 팔츠(하이델베르그) 교회와 신앙교육, 『노르마 노르마타』, 김병훈 편집, 합동대학원출판부(2015), 216.

63  안상혁, 제네바 교회와 신앙교육, 『노르마 노르마타』, 김병훈 편집, 합동대학원출판부(2015), 46.

에 취리히 여러 지역에 무료급식소를 설치하였다. 이곳에서 빵, 곡식 가루, 보리나 다른 야채로 끓인 수프를 제공했다. 어쩔 수 없는 여러 이유로 빈곤해졌거나 수입이 없어 가족을 부양하지 못하는 현지인들과 이방인들에게도 제공하였다. 취리히 정부는 빈민복지사들을 채용하여 도움이 필요한 사람들에게 생활에 필요한 후원금이나 구호물자를 지급하였다. 가난한 가정의 학업성적이 우수한 자녀들을 위해 학교에서 무료로 공부할 수 있는 기회를 주었다. 그 외 다른 아이들에게는 수공기술을 무상으로 배울 수 있도록 조처하였다. 그러나 이러한 구제가 모든 사람에게 주어진 것은 아니었다. 행실이 나쁜 사람들, 자신의 잘못으로 가난해진 사람들(도박이나 게으름), 가난함에도 외적으로 화려한 치장과 옷을 입는 겉치레의 사람들, 포주와 매춘하는 사람들, 욕설을 하거나 술집에 앉아 주정하는 사람들에게 사회적 긍휼을 베풀지 않았다. 이러한 쯔빙글리의 사회개혁의 기조 아래서 불링거는 발전적으로 소외계층을 위한 사회적 구조 개선과 사회·윤리의식 확대를 위한 노력에 힘을 쏟았다. 불링거는 교회와 수도원 자선기금을 오직 목회자들을 위한 학교의 개선과 일반 어린 학생들을 위한 독일어 학교들(Deutsche Schule)과 라틴어 학교들을 개선하고 확대하는 데 사용했을 뿐만 아니라, 가난한 사람들과 환자들을 돌보는 데도 사용하였다.[64] 취리히 학교들의 새로운 정비는 그 사회의 개혁파적 신앙정신에 부합된 윤리 수준을 향상시키고, 시민들의 권위

---

64  Elsa D. Zodel, Bullingers Einfluß auf das züricherische Staatswesen von 1531-1575, (Zürich: Reutimanm & Co., 1921), 25.

와 인권의식을 발전시키는 다양하고 유효한 결과들을 만들었다.

불링거는 이러한 국민의식의 신장 속에서 가난한 사람들을 보살 핌으로써 단순히 먹을 것과 필요한 것을 일시적으로 공급해 주는 차원을 넘어 직접적인 제도개선으로 확장하였다.[65] 그리고 취리히에서 돈을 빌려주는 사람들은 막대한 이익을 취하지만, 돈을 빌려야하는 사람들은 아무리 열심히 일해도 굶주리게 되는 고리대금업을 금지하였다. 그 대신에 빌린 돈의 5%를 연이자의 개념으로 금전이나 자연생산물로 지불하도록 권고하였다.[66] 노예 신분으로 농노 일을 하는 농민들에게는 합법적인 돈을 지불하고 신분의 자유를 누리도록 장려하였다. 그들이 경제적으로 자립할 수 있는 길을 열어 준 것이다. 부유한 사람들에게 가난한 친척들을 돌보도록 의무화했을 뿐만 아니라 취리히 정부를 설득하여 도로개설공사 같은 일자리 창출, 또는 수공업 관련 직업을 갖도록 지원함으로써 가난한 사람들에게 수익이 있도록 도왔다.[67] 그밖에 공공기금으로 가난한 사람들에게 땔감과 옷 그리고 집세를 보조하였다. 불링거는 기회가 주어질 때마다 모든 시민이 자선에 관심을 가지고, 가난과 재난을 극복하는 일에 모두가 참여하도록 공동체의식을 고취시켰다. 가난은 사회 전체의 안전을 위협할 수 있기 때문에 당연히 교회가 앞장서지 않으면 안 되는 중대한

---

[65]   Zodel , Bullingers Einfluss auf das zuercherische Staatswesen von 1531-1575, 26.

[66]   Zodel, Bullingers Einfluss auf das zuercherische Staatswesen von 1531-1575, 44. 5% 이자에 대한 규정은 처음 1523년에 쯔빙글리에 의해 규정된 것이다.

[67]   Zodel, Bullingers Einfluss auf das zuercherische Staatswesen von 1531-1575, 27.

문제였다.

불링거는 여러 사회문제 개선을 위해 평생을 두고 고민하며, 이와 관련된 다양한 저술을 기록했다. 《새로운 이자법 Eine neue Zinsordnung, 1534》, 《가난한 사람들을 위한 돌봄 Zur Armenfürsorge, 1558》, 《고리대금을 반대한 조치 Massnahme gegen den Wucher, 1568》, 《가난 극복을 위한 제안 lag zur Bekämpfung von Armut, 1572》이다. 이 저술들은 불링거가 당시의 사회문제에 대해서 얼마나 큰 관심을 갖고 있었는지 짐작하게 한다.

② 풍속단속법원 설립

쯔빙글리는 구조적인 면에서 취리히에 개혁된 신학과 교회를 유지할 수 있는 기관들을 정비하거나 세우고, 교회에서 선포되는 하나님의 말씀이 사회적으로 구현될 수 있는 체계를 갖추었다. 1525년에 교회의 권징을 효율적으로 집행하기 위해 취리히 교회와 정부가 협력하여 담당자들을 구성한 가정법원이 설립되었다. 처음에는 결혼과 가정불화에 대한 문제만 다루었지만, 점차적으로 사회 전반의 풍속을 단속하는 기관(풍속단속법원)으로 발전하였다.[68] 불링거는 이러한 배경 속에서 정규적으로 열린 취리히 총회를 통해 경제적이고 사회적

---

68  가정법원이 확대되어 재편된 풍기단속법원(1526)에서는 가정문제, 매춘, 도박, 음주, 춤, 비방, 고리대금업 등의 일반 사람들에 대한 문제들뿐만 아니라 목회자들과 관련된 문제들 역시 다루었다. 특별히 성직임명에 대한 자격과 성직임무의 책임성에 대한 심사를 하였다. 이를 통해 목회자들의 활동과 생활을 규칙적으로 점검(Visitation)하였다.

문제들에 지속적인 관심을 나타냈다.[69] 비성경적이고 비윤리적인 내용의 감시와 제도적인 개선에 힘썼다. 교회는 정부의 협력 아래 목회자들, 신자들, 국민의 사회윤리에 대한 의식적인 확대를 위해 앞서 언급한 고리대금업뿐만 아니라 알코올중독·도박과 오락(춤)·복장불량·매춘·이단 등을 금지하였다. 한 예로 당시 춤은 결혼식 때를 제외하고 모든 시민에게 금지하였다. 만약 이를 위반할 경우 10실링(Schilling)의 벌금을 부과하고, 춤출 때 연주해 준 사람들에게는 은화 1마르크(Mark) 또는 감옥생활의 형벌이 주어졌다. 취리히는 사회의 건전한 생활풍속을 유지하기 위해 먼저 사회지도층인 위정자들과 목회자들이 모범을 보였으며, 실제로 그들에 대한 감시를 더욱 엄격하게 시행하였다. 풍속단속법원은 단계적인 징계를 집행했다. 각 사안에 따라 권고, 수찬정지, 벌금, 감금, 출교 그리고 사형으로 처벌 수위를 높인 것이다. 당시 취리히 교회는 이러한 사회·윤리의식의 함양과 사회의 건전한 생활풍속 유지를 위한 파수꾼 역할을 감당했다. 국가적이고 신앙적인 한 공동체 안에서 로마 가톨릭교회와 신앙적인 경계 및 차이점을 밝혀 주는 개혁적 신앙의 정체성에 근거하여 교회와 목회자의 관리·감독을 위한 교회규범들이 있었다. 이것은 목회자의 신학교육을 위한 신학교, 평신도들의 신앙교육, 교회의 안정을 위해 필수적인 목회자 부양, 가난한 사람들을 위한 구제, 사회의 건전성 유지를 위한 풍속단속 등은 취리히에서 종교개혁을 통해 세워진

---

69    Zodel , Bullingers Einfluss auf das zuercherische Staatswesen von 1531-1575, 37-45.

개혁된 교회를 유지, 보존하는 매우 중요한 구조적 장치들이다.

개혁된 교회는 개혁된 신학만으로 세대와 세대를 넘어서 지속할 수 없다. 개혁된 신학에 근거하여 바르게 세운 교회를 지속하려면 그 상태를 유지, 보존할 수 있는 제도가 필요하다. 이 제도적 장치들이 유기적으로 작동하여 세대와 세대를 넘어 지속되는 교회가 견고하게 세워진다. 다른 지역뿐만 아니라 취리히에서도 종교개혁 초기에서부터 교회규범, 신학교육, 신앙교육, 목회자 부양, 가난 구제, 풍속단속 등에 대한 관심이 구조적으로 이루어졌다. 종교개혁자들은 단순히 로마 가톨릭교회로부터 분리하여 새롭게 설립된 개혁된 교회만 생각한 것이 아니다. 더 근본적으로 개혁된 교회가 어떻게 다시 타락하지 않고, 장구한 역사 속에서 존속할 수 있을 것인가를 깊이 숙고했음을 알 수 있다.

불링거는 보편 교회의 개념 속에서 종교개혁을 통해 새롭게 설립된 교회가 장구한 역사성을 담보할 수 있도록 분명한 조망을 하였다. 오늘날 많은 위기를 겪고 있음에도 불구하고, 취리히에서 종교개혁 이래 지금까지 500년 동안 개혁된 교회가 유지되어 온 것은 결코 단순한 우연이 아님을 분명히 알아야 한다.

# 3. 종이와 펜의 힘 - 서신 교환

불링거는 취리히 종교개혁의 독립적 특징을 깊이 새긴 동시에 다른
생각의 사회-종교 지도자들을 설득하여 교회개혁을 완성해 나가고자
온 힘을 기울인 인물이다. 그의 헌신은 단순히 취리히에만 머물지 않
고 스위스 개혁파 도시들을 넘어 유럽 전역으로까지 확대되었다. 불
링거는 쯔빙글리 죽음 이래 로마 가톨릭교회에 대항하였다. 루터파
교회의 성만찬 신학을 견제하며 온건하고도 기품 있게 개혁파 교회
의 교리와 규율을 충실하게 지켜갔다. 그는 개종한 신앙 때문에 유럽
곳곳에서 핍박받는 이들을 위해 문서적으로 위로하고, 핍박을 피해
온 이들을 위해 취리히에 안식처를 제공하기도 했다. 그리고 프랑스
에서 핍박받는 위그노들과 왈도파 그리고 파리에 있는 개혁파 교회
의 아픔을 덜어주기 위해 혼신의 힘을 기울였다. [70] 불링거는 자신의

---

[70]  Andreas Mühling, Heinrich Bullingers europaeische Kirchenpolitik, Zuercher Bei-
    taraege zur Reformationsgeschichte, Bd. 19, (Bern: Verlag Peter Lang, 2001), 22,
    187-224; Frantz Buesser, Heinrich Bullinger: Leben, Werk und Wirkung, (Zuerich:
    TVZ, 2005), 185-207: 불링거는 깔뱅의 요청 아래 프랑스에서 핍박받는 개신교인들의
    종교적 자유와 관용을 위해 헨리 2세에게 서신과 자신의 저서 'Perfectio Christiano-
    rum'(1551)을 헌정하였다. 이 글은 베자가 프랑스어로 번역한 후 왕에게 전달되었다. 이
    후 1559년에 불링거는 마티유 코이그넷(Matthieu Coignet)을 통하여 다음 해인 1560년
    에 요절한 프란츠 2세에게도 자신의 저술인 'Summa christlicher Religion'(1556)의 라
    틴어 번역본과 함께 정중한 편지를 보냈다. 불링거는 이러한 노력 가운데 개인적인 서신
    왕래나 인적교류로 프랑스에서 고통받은 성도들에게도 관심을 가졌다. 하지만 취리히와
    제네바 사이의 교회권징에 대한 입장 차이로 프랑스 개혁파 교회가 제네바 교회의 입장에
    서 국가로부터 분리된 교회권징의 형태를 취하였다. 이 때문에 불링거의 교회정치적인 영
    향력은 1571년 이래 프랑스 교회 내에서 거의 감지되지 않았다.

눈과 귀를 취리히와 스위스를 넘어온 유럽을 향하고 신학적 발전, 신앙의 유익, 종교개혁 유산 아래 있는 교회들의 안정, 고난받는 성도들의 위로 그리고 신학적 갈등으로 민감해진 정치적 안정을 위해 가능한 한 많은 사람과 소통하기를 원했다. 이러한 사안들과 관련한 불링거의 서신교환은 종교개혁사의 한 새로운 면을 이해하는 데 특별한 의미를 전달해 준다. 이를 통해 종교개혁 시대의 신학자이자, 교회의 지도자로서 헌신한 불링거의 생을 더 깊이 확인할 수 있게 된다.

불링거의 문헌적 유산 중에서 결코 빼놓을 수 없는 것은 취리히 주립 문서보관소(Zürcher Staatsarchiv)와 중앙도서관에 보관되어 있고, 부분적으로 유럽 곳곳에 흩어져 있는 서신들이다. 지금까지 12,000통이 보존되어 있다. 이 서신들은 불링거에 대해 많은 것을 말해 줄 뿐만 아니라 당시에 살았던 다양한 인물들의 생생한 증언으로 종교개혁 역사를 이해하는 데 중요한 가치가 있다. 불링거가 16세기 종교개혁의 역사에서 차지하는 영향력은 다양한 언어로 출판되어 전 유럽과 연결된 서신들을 통해 알 수 있다.[71] 불링거는 서신교환을 정서적인 거부감 없이 사람과 사람을 성공적으로 이어 주는 수단으로 인식하였다. 취리히 의장이 된 이래 서신을 주고받는 일은 불링거의 일상 가운데 중요한 업무였다. 불링거는 서신교환을 통해 개신교 내 각 지역의 정치적·교회적·사회적·경제적 상황들과 그 지역교회들의 형편들을 잘 이해할 수 있게 되었다. 또 다른 한편으로는 비록 멀

---

71    Mühling, Heinrich Bullingers europaeische Kirchenpolitik, 23-4.

리 떨어져 있지만, 개혁파 신학의 토대와 동일한 신학적 입장에 따라 각 교회간의 공동체적, 협력적인 의식을 강조하였다. 더욱이 많은 서신들을 통해 불링거가 다양한 동기에서 수행했던 당시 시대의 중요한 정보를 알 수 있다. 이것은 오늘날 신문과 같은 '저널'(journal)의 기능을 한 것이다.

불링거 보관하고 있던 것을 포함하여 17-18세기 요한 야콥 브라이팅어(Johan Jakob Breitinger, 1575-1645), 요한 하인리히 호팅어(Johan Heinrich Hottinger, 1620-1667) 그리고 요한 야콥 심러(Johan Jakob Simler, 1716-1788)가 모든 서신들을 수집하였다. 만약 이들의 수고가 없었다면, 종교개혁사의 한 보물인 불링거의 서신들은 빛을 보지 못했을 것이다.[72] 이 서신들 중 10,000통의 편지는 불링거에게 보낸 것이고, 나머지 2,000통은 불링거가 쓴 것이다. 당시 루터(4,200통), 쯔빙글리(1,200통) 그리고 깔뱅(4,200통)의 서신들을 모두 합한 것보다 많을 뿐만 아니라 10,000통의 서신교환을 한 멜란히톤과 비교할 때도 월등히 많은 수량이다. 불링거의 서신교환은 집중적으로 스위스, 독일의 중남부와 라인강 상류의 개혁파 도시들과 연결된 동시에 독일, 영국, 폴란드를 중심으로 한 거의 모든 유럽의 도시들과 교류한 것을 기억해야 한다. 불링거의 서신교환은 스위스를 포함한 17개 국가의 438개 도시와 1,174명의 사람들과 이루어졌다.[73] 당시 종

---

72  Rainer Henrich, Bullingers Briefwechsel und die 《Bullinger-Zeitungen》, in: Der Nachfolger Heinrich Bullinger(1504-1575), Katalog zur Ausstellung im Grossmünster Zürich 2004, Hg. von Emidio Campi u.a., Zürich 2004, 74.

73  불링거의 서신 교환에 대한 기본정보는 스위스 취리히대학교 신학부의 스위스 종교개

교개혁의 중심적인 개혁파 도시들인 제네바(Genf), 바젤(Basel), 베른(Bern), 쿠어(Chur), 샹갈렌(St. Gallen), 콘스탄츠(Konstanz), 아우그스부르크(Augsburg), 하이델베르크(Heidelberg)와 스트라스부르크(Strassburg)에서는 불링거와 다양한 인사들 사이에 300통이 넘는 서신교환이 이루어졌다. 불링거의 서신 왕래자들 중에는 다양한 지위와 환경에 속해 있는 평범한 사람들 외에 널리 알려진 명사의 이름들 역시 많이 발견된다. 유럽 여러 지역의 힘 있는 군주들과[74] 널리 알려진 종교개혁자들, 개혁파 교회의 지도자들과 신학자들의 이름을 확인할 수 있다.[75] 물론 루터파 교회에 알려진 많은 신학자들과도 호의

---

혁 연구소에 속한 불링거 서신 교환 편집실이 제공한 자료를 통해 정리했음을 밝힌다. 이는 다음의 인터넷 링크에서 확인할 수 있다: http://www.irg.uzh.ch/hbbw/datenbank. html. 스위스 제외한 16개 국가들은 벨기에, 덴마크, 독일, 프랑스, 영국, 이탈리아, 리투아니아, 화란, 오스트리아, 폴란드, 루마니아, 러시아, 슬로바키아, 체코, 헝가리, 백러시아였다.

74  영국의 왕(여왕)인 에두와르드 6세(Eduard VI.), 헨리 8세(Henry VIII.)와 제인 그레이(Jane Gray), 덴마크의 왕 크리스티안 3세(Christian III., König von Dänemark), 폴란드의 왕 지그문트 2세(Sigismund II. August, König von Polen), 뷰어텐베르그 영주 울리히(Ulrich Herzog von Württemberg)와 크리스토프(Christoph, Herzog von Württemberg), 쿠어 팔츠의 선제후 프리드리히 3세(Friedrich III. der Fromme, Kurfürst von der Pfalz), 팔츠의 선제후 오트하인리히 I(Ottheinrich I. von der Pfalz), 헤센의 영주 필립 1세(Philipp I. von Hessen (der Großmütige)), 헤센의 영주 필립 2세(Philipp II. von Hessen (-Rheinfels)), 헤센의 영주 빌헬름 4세(Wilhelm IV. (der Weise) von Hessen), 오스트리아의 선제후(왕)인 막스밀리안 2세(Maximilian II., Erzherzog von Österreich, späterer Kaiser), 프랑스 왕인 프란츠 2세(Franz II. von Frankreich)와 하인리히 2세(Heinrich II. (Valois) von Frankreich) 등.

75  시몬 그리네우스(Sinmon Grynaeus), 요한 야콥 그레니우스(Johann Jakob Grynaeus), 요한 라스코(John Lasco), 볼프강 무스쿨루스(Wolfgang Muskulus), 페터 마르티어 베어미글리(Peter Martyr Vermigli), 오스발트 미코니우스(Oswald Miconius), 기롤라모 잔키(Zanchi Girolamo), 쟝 깔뱅(John Calvin), 테오도르 베자(Theodore Beza), 기욤 파렐(Gillaume Farel), 빌레트 피에레(Vilet Pierre), 마틴 루터(Martin Luther), 필립 멜

적으로, 다른 한편으로는 논쟁적으로 서신 왕래가 이루어졌다.

특별히 불링거의 방대한 서신교환망은 신학적 논의뿐만 아니라 교회정치와 깊이 관련하여 종교개혁사적으로 개혁파 교회의 개념에 대해 변화된 인식을 가져다준다. 불링거가 연구되지 않는 시대 속에서 동시대의 다른 종교개혁자들을 포함하여 '깔뱅주의'의 개념은 개혁파 개신교(der reformierte Protestantismus)를 위한 명칭과 동일시되었다. 하지만 현재 종교개혁사 연구에서 드러나는 새로운 결과들은 스위스·프랑스·독일·영국·화란·이탈리아·헝가리·폴란드 등의 개혁파 교회들이 일방적으로 제네바에 의해서만 인도된 것이 아니라, 도리어 언제나 취리히와 제네바에 의해서 인도되었다는 것을 알 수 있게 한다.[76] 불링거는 깔뱅과 함께 그 사역의 중심에 있었음이 확인된다. 비록 불링거 사후에 그 절대적인 영향력을 잃었지만 그가 생존했던 시대의 취리히는 제네바와 더불어 개혁파 교회를 위한 신학적이고도 교회정치적인 구심점이었다.

불링거는 서신교환을 통해 개신교 내 신앙고백 일치에 대해 강조하였으며, 서로 간의 공동체적 협력사역을 위해서도 힘썼다. 불링거

---

란히톤(Phipliph Melanchthon), 카스퍼 올레비안누스(Casper Olevianus), 토마스 에라투스(Thomas Eratus), 토마스 크랜머(Thomas Cranmer), 존 낙스(John Knox), 루돌프 그발터(Rudolf Gwalter), 다니엘 토산누스(Daniel Thosanus), 자카리우스 우르신누스(Zacharias Ursinus), 마틴 부쳐(Martin Bucer), 존 후퍼(John Hooper), 볼프강 카피토(Wolfgang Capito), 베르흐톨드 할러(Berchtold Haller), 안드레아스 히페리우스(Andreas Hyperius), 요한 할러(Johann Haller), 요하힘 바디안(Johachim Vadian), 암브로시우스 브랄러(Ambrosius Braler), 요한 파브릭키우스(Johann Fabricius) 등.

76  Emidio Campi, Beza und Bullinger im Lichte ihrer Korrespondenz, in: Theodore De Beze (1519-1605), Hg. von Irena Bachus, Geneve 2007. 144-5.

의 서신교환은 자신의 다양한 교회 관심사 중 하나였지만, 이 일은 불링거가 자신의 머릿속에 그렸던 교회가 무엇인지 알리는 중요한 근거가 되었다. 그가 자신의 서신교환과 그 내용을 통해 우리에게 확인시켜 주는 교회는 시공을 초월하여 성경의 바른 가르침에 따라 공적인 일치를 이루는 하나의 보편 교회이다. 예수 그리스도께서 교회의 주인이라는 사실과 종교개혁 이후 교회의 분열을 최소화하며 유럽교회 전체를 바른 신학 위에 세우고자 한 것이다.

# 4. 불링거의 신학적 특징

## 1) 정통신학의 길

종교개혁의 발생으로 새로운 교회가 등장했을 때, 불링거의《50편 설교집》에 기록된 증언에 의하면, 로마 가톨릭교회는 〈종교개혁자들이 교회 분리의 죄를 저질렀음에도 재세례파들과 수많은 광신도들을 비판하고 있다〉고 비난했다. 그리고 〈위급한 상황이 아님에도 불법적인 교회 분리로 보편 교회로부터 이탈하여 새로운 이단적 예배공동체를 세웠다>고 비난했다.[77] 당시 이러한 비난은 결코 단순한 문제가 아니었다. 종교개혁의 운명을 결정지을 수도 있는 심각한 문제였던 것이다. 종교개혁의 정당성을 확보하는 것과 직접적으로 맞닿아 있었기 때문이다. 그래서 종교개혁자들의 초기 과제는 종교개혁 이래 새롭게 세워진 개혁된 교회와 로마 가톨릭교회 사이의 신학적 차이점을 선명히 드러내야만 하는 현실적인 필요에 집중되었다.[78] 종교개혁 사상으로 개신교가 어떻게 바른 교회인지를 증명하고, 로마 가톨릭교회의 전통과 어떻게 다른지 설득력 있게 답변해야만 했기 때문이다.

불링거는 핵심적으로 개혁된 교회는 성경의 사실과 진리에 반하여, 신앙의 조항에 반하여, 구원에 반하여 그리고 보편 교회의 성경에 근거한 교리에 반하여 어떤 것도 가르치지 않았음을 강조한다. 이와 동시에 교황의 가르침, 하나님의 말씀과 모순된 교회의 새로운 교령, 교회 가운데 오랫동안 확산된 파렴치한 오용과 부패, 교황주의적인 독재정치, 적그리스도주의 등과 싸우고 있다는 것도 밝혔다.[79] 개혁된 교회는 교황의 교회로부터 벗어나 거룩한 보편 교회와 사도적 교회로 모일 수밖에 없었으며, 로마 가톨릭교회에서 분리될 수밖에

---

77  SERMONUM DECADES QUINQUE, 775: "Ad ravim enim usque clamitant eodem nos crimine convictos teneri, quo anabaptistas et phanaticos quosdam condemnavimus. Nos enim sacrilego quodam schismate et nulla adactos necessitate veterem deseruisse Romanam ecclesiam et novas atque haereticas25 nobis extruxisse synagogas."

78  Park, Heinrich Bullingers katechetische Werke, 13.

79  SERMONUM DECADES QUINQUE, 776.

없었다는 사실로 당연하게 귀결시켰다.[80]

좀 더 구체적으로 불링거는 하나님의 말씀을 통하여 사도들의 시대에 살았던 신자들과 그리스도의 사도들에 의해 세워지고 보존된 옛 로마 교회와 교황주의자들의 전통이 여전히 존재하고, 교황의 교령이 교회를 좌지우지하며, 교황의 독재와 사치스러운 궁정 생활이 펼쳐지고 있는 새 로마 교회를 구별했다.[81] 이러한 전제 아래 개혁된 교회는 옛 로마 교회와 결별한 것이 아니라, 오히려 새 로마 교회와 결별한 것임을 강조했다. 새 로마 교회를 떠났음에도 하나님의 참된 교회로부터 분리되지는 않았다는 것이다.[82] 새 로마 교회를 참된 그리스도의 교회로 인정하지 않았기 때문이다. 불링거는 거룩한 보편 교회는 유일하신 목자이신 그리스도께 매여 있고, 그분의 말씀을 신뢰하며. 하나님께 합당한 삶의 모습을 추구하지만, 로마 가톨릭교회는 이와 정반대되는 모습이라고 비판했다. 교황주의자들은 단순히 악하거나 위선적인 것만이 아니라, 오히려 그리스도의 진리에 대해 가장 악하고 혐오스러운 대적들과 같다는 것이다. 그들은 공개적으

---

80  SERMONUM DECADES QUINQUE, 776-7: "Tyrannidem ergo et antichristianismum fugimus et recusamus, Christum et iugum eius non recusamus, societatem sanctorum non fugimus, imo ut in hac manere veraque Christi et sanctorum membra esse possimus, ex papistica ecclesia refugientes in unam sanctam catholicam et apostolicam ecclesiam recolligimur. ... Libere enim fatemur, et magno cum gaudio gratias deo liberatori agentes praedicamus nos recessisse a Romana ecclesia eandemque etiam hodie abominari."

81  SERMONUM DECADES QUINQUE, 777.

82  SERMONUM DECADES QUINQUE, 777: "... qui Romanam ecclesiam relinquentes a vera dei ecclesia non recessimus."

로 복음을 비방하며 그리스도를 믿는 신자들을 핍박하기 때문이다.[83]

로마 가톨릭교회에서의 분리가 정당함을 다양한 근거를 들어 확증했다. 그것뿐만 아니라 불링거는 개혁된 교회의 설립이 결코 비성경적이거나 배교적인 것이 아니라는 사실도 설득시켰다. 먼저, 새로운 교회의 등장은 초대교회 당시 루치아노(Luciano)와 관련된 기독교 신앙을 거부하는 배교와 전혀 다름을 밝히고, 발렌티누스, 마르시온, 아리우스, 마니, 아르테몬, 그리고 이와 유사한 괴수 같은 사람들과 관련된 이단적인 배교도 아님을 강조했다. 끝으로 도나투스주의자들과 관련되어 교회를 분리시키는 배교도 아님을 분명히 했다.[84] 즉 교회의 역사 속에 발생한 이러한 세 가지 배교의 유형으로 새롭게 세워진 교회를 정죄할 수 없다고 증명한 것이다. 불링거는 개혁된 교회의 분리는 죄악에서 자유롭게 된 것임을 더욱 강조했다.

---

83  SERMONUM DECADES QUINQUE, 777: "Romanenses autem illi nec mali sunt nec hypocritae, sed pessimi prorsus et atrocissimi veritatis Christi hostes palam blasphemantes evangelium et persequentes credentes in Christum."

84  SERMONUM DECADES QUINQUE, 784: "Est defectio apostasiae, qua fidei vel religionis odio ex mera impietate et contemptu numinis athei cum Luciano suo impio ac Juliano apostata a fide orthodoxa et catholica denique a communione fidelium deficiunt et veritatem praeterea christianam convitiis blasphemiisque impetunt ac ipsam dei ecclesiam vel irrident vel persequuntur. Est rursus defectio haeretica, qua videlicet cum Valentino, Marcione, Ario, Manichaeo , Artemone similibusque monstris superbi et confidentes pertinacesque nequam vel ipsam scripturam repudiantes vel interpolantes contemnunt et calcant vel certos fidei articulos sanaque ecclesiae dei dogmata negant, subvertunt ac oppugnant, contraria astruunt atque ita ecclesias sibi haereticas construunt, a vera autem, orthodoxa et catholica recedunt. Est praeterea discessus schismaticus, qualis erat Donatistarum separantium se ab ecclesia dei vera praetextu absolutioris consequendae sanctificationis."

결론적으로 불링거가 말하는 로마 가톨릭교회로부터 분리된 교회는 1500년 교회 역사에서 사도적 가르침에 근거하고 계승한 '정통신학'을 추구하며 정당성을 회복하는 것에 있다. 로마 가톨릭교회에서 분리된 개신교의 가장 우선된 임무는 두 교회 사이에 신학적 경계선을 세워, 당시 사람들에게 종교개혁의 정당성을 확보하고 신학적 뿌리가 어디에 근거하는지 정체성을 분명히 밝히는 것이었다.[85] 이렇게 볼 때, 불링거가 말하는 로마 가톨릭교회로부터의 분리는 엄밀하게 말하면 개혁된 교회가 새롭게 만들어진 것의 의미가 전혀 아니다. 정통신학에서 벗어나 있는 거짓된 교회를 개혁했다는 것에 초점을 맞추고 있다. 단순히 개신교가 교황주의 교회와 다르다고 말하는 것이 아니다. 오히려 사도적 가르침을 가장 잘 계승한 정통교회임을 확고히 한 것이다. 로마 가톨릭교회의 전통과 대비하여 전체 성경에 근거한 정통신학을 회복했다는 의미를 함의하고 있다.

## 2) 보편 교회를 위한 신학

불링거의 《스위스 제2 신앙고백서》는 보편 교회(catholica ecclesia)의 기반 속에 모든 신앙적 주제를 다룬다. 이 신앙고백서의 첫 서론적 주제인

---

85  Artikel zur Ordnung der Kirche und des Gottesdienstes in Genf, dem Rat vorgelegt von den Predigern (1537), in: Calvin - Studienausgabe, Bd.1.1, Hg. Eberhard Busch u.a., Neukirchen - Vluyn 1994), 125.

성경론에서 확인할 수 있다. "그리고 그리스도의 보편 교회는 이 성경에서 언제나 구원에 이르는 믿음과 하나님이 기뻐하시는 삶에 관한 바른 가르침이 들어있는 완전한 설명을 소유하고 있다."[86] 성경이 제시하는 신앙과 삶의 모든 교훈은 어느 특정한 교회만을 위한 것이 아니다. 창조 이래 시공간을 넘어 지상의 모든 교회를 위한 것임을 말한다. 16세기 종교개혁 시대의 다른 종교개혁자들과 마찬가지로 불링거 역시 로마 가톨릭교회로부터 분리되어 새롭게 세워진 개신교(protestant)를 초대교회 시대의 이단적 개념의 도나투스주의 같은 '분파적 교회'로 이해하지 않았다. 불링거가 쓴 '보편 교회'라는 용어는 교회-교리사적으로 '정통'(Orthodoxie)이라는 이해와 동일한 성격으로 사용된 것이다.[87] 초대교회의 성경에 대한 바른 해석을 제시한 교부들로부터 종교개혁자들에게 이르기까지 교회는 공간적으로 여러 민족, 문화들, 사회적 지위에 속한 다양한 사람들을 포함하고 있기 때문에 보편 교회이고(보편성), 시간적으로 창조 때로부터 세상의 마지막에 이르기까지 모든 시대에 걸쳐 있기 때문에 보편 교회이며(고대성) 그리고 내용적으로 구원의 능력을 가진 일치된 진리의 선포 때문에 보편 교회(일치성)로 인식되었다. 이 때문에 종교개혁자들이 "단일하며, 거

---

86  Das Zweite Helvetische Bekenntnis, 17: "Und in dieser Heilige Schrift besitzt die ganze Kirche Christi eine vollstaendige Darstellung dessen, was immer zur rechten Belehrung ueber den seligmachenden Glauben und ein Gott wohlgefaelliges Leben gehoert."

87  Geoffrey D. Dunn, Heresy and schism according to Cyprian of Carthage, Journal of Thelogical Studies 55 (2004), 551-574.

룩하며, 공교회적이며, 사도적 교회(una, sancta, catholica et apostolica ecclesia)"를 강조한 것은 매우 중요한 믿음의 전제였다.[88] 분명히 불링거는 이러한 보편 교회의 개념을 하나님의 말씀과 깊이 연결시켰다. 하나님의 말씀에 근거하여 교회가 세워질 때 비로소 교회는 참된 의미의 보편 교회가 된다는 사실을 표명한 것이다. 즉 취리히 종교개혁자는 지상에 존재하는 교회가 정통 교회를 의미하는 보편 교회가 되려면 성경의 권위 아래 있어야 함을 강조한 것이다. 공교회성은 교회가 전체 성경 안에 계시된 진리를 수호하는 것, 교회가 모든 장소와 모든 시대 속에서 모든 민족이 아무런 차별 없이 진리에 따라 모이는 것, 교회가 진리에 따라 일치를 이루는 것 등의 특징을 가지기 때문이다. 물론 성경적 진리가 하나님의 백성들을 신앙으로 이끌거나 교회로 모이도록 하지는 못한다. 오히려 성령께서 성경적 진리를 통하여 역사하신 결과이다.[89]

불링거의 보편 교회의 의식은 하나님의 바른 말씀에 대한 이해 없이 단순히 공간, 시간, 대상과 관련된 것이 아니다. 개신교의 뿌리에 대한 정당성을 두고, 로마 가톨릭교회를 비판하는 원리로서 작용하였다. 그뿐만 아니라 창조 세계의 시공간 속에 흩어져 있는 개별 교

---

[88] 이러한 보편 교회에 대한 개념은 종교개혁자들의 다양한 저술들 속에서 읽을 수 있을 뿐만 아니라 신앙고백서들에서도 확인할 수 있다. 대표적으로 벨직 신앙고백서 27항, 하이델베르그 요리문답 54항, 제2 스위스 신앙고백서 17항 등에서 찾을 수 있다. (참고: The catholicity of the Reformation, eds. Carl E. Braaten and Robert W. Jenson, Grand Rapids 1996.)

[89] Das Zweite Helvetische Bekenntnis, 19.

회들이 하나님의 말씀과 분리된 채 보편 교회의 일원이 될 수 없다고 말한 것이다. 이렇게 볼 때, 불링거가 추구했던 신학은 자신의 독자적 신학이 아니라, 오히려 교회-교리사적으로 사도적 가르침을 계승하는 보편 교회를 위한 신학이었다는 사실을 주목해야 한다.

불링거는 실천적인 의미에서 취리히 교회를 섬기면서도 취리히와 스위스뿐만 아니라 유럽 전역에서 벌어지는 교회의 일에 대해 항상 관심을 가졌다. 목회자로서 하나님 명령에 따라 자신의 임무를 충실히 감당한 불링거는 당시 신자들의 신앙적 갈등과 혼란에도 예민하게 반응했다. 무엇보다도 불링거는 신학을 학문적 성격보다는 신자들을 바른 진리로 섬기기 위한 목회적 관심 속에서 추구한 것이 사실이다. 배움이 있거나 배움이 없는 사람 사이의 어떠한 경계도 없이 모든 사람이 참된 진리에 이르도록, 보편적 목적에 관심을 가졌다. 즉 신학이 주님의 몸으로서 모든 신자의 구원뿐만 아니라, 그들의 윤리와 양심을 양육하는 역할을 해야 하고, 모든 사회에 인권적이고 인류의 유익을 위한 발전에 기여해야 한다고 믿었다. 불링거는 온 세상에 흩어져 있으면서도 보편 교회를 이루는 신자들의 삶이 성경적 교리와 분리되지 않고 신앙의 성숙을 이룰 수 있도록 신학을 추구하였던 것이다.

## 3) 현실에 뿌리내린 신학

불링거의 신학적 사고의 원칙은 자신의 사역 초기에서부터 추구한 성경을 읽고 해석할 때, 새로운 인식과 완전한 지식에 대한 인간의 호기심이 거절되어야 한다는 전제 아래 서 있다.[90] 이 원칙은 평생 유지되어 특별히 그의 목회적 관심 속에 불링거만의 신학적 특징을 이루었다. 불링거 역시도 논쟁적인 글을 쓰기는 했지만, 그의 주요 조직신학적 글을 보면, 가급적 신학적 갈등과 논쟁을 최소화하려고 노력했음을 알 수 있다. 목사로서 교회와 신자들의 유익을 고려한 신학적 자세를 지향했다는 것도 부인할 수 없다. 불링거는 1556년에 독일어『기독교 신앙요해』(Summa Christlichen Religion)를 출판했다. 이 책은 오랫동안 라틴어·프랑스어·화란어·영어로 번역되어 서른 한 번이나 인쇄되었다. 당시 유럽 전역의 사람들이 종교개혁 사상을 쉽게 알 수 있도록 쓴 대중적인 신앙서적이었다. 불링거는 이 책의 서문에서 16세기 중엽 개신교 내의 교회분열과 신학적 분쟁들(아우그스부르크 종교평화협정, 성만찬 논쟁, 교황주의자들의 박해로 인한 난민 문제, 예정론 논쟁 등)과 관련된 신자들의 혼란과 불평을 기록하였다. 불링거가 지적한 핵심은 교회분열과 신학적 논쟁들로 인하여 발생한 문제점이었다. 즉 신앙지식(신학)이 오직 배운 자들을 위한 전유물이 되었으며, 이 때문에 배움이 없는 평범한 사람들은 소외될 뿐만 아니라

---

90 Heinrich Bullinger, Studiorum Ratio, ed. von Perter Stoltz, Zuerich 1990, 106-8.

그들에게 신앙적 혼란을 야기한다는 것이다.[91]

불링거는 이러한 시대적 분위기를 직시하고 신자들의 유익을 위해 신학적 내용을 배운 사람들의 전유물이 아니라 대중적으로 서술하기를 원했다. 학문적으로 훈련된 사람들이 아니면 결코 이해할 수 없는 신학적 논쟁으로 갈등하는 신자들에게 깊은 관심을 가진 것이다. 어려운 신학적 내용을 그 시대의 평범한 사람들의 눈높이에 맞게 해설하기 위해 노력했다. 하나님의 백성은 신학 밖에 서 있지 않아야 하고, 그 신학은 하나님의 백성에게 봉사해야 한다는 것이다.[92] 불링거의 신학은 하나님의 은혜(Gratia Dei)라는 근본적인 인식 가운데 그 은혜의 목적이 하나님의 백성임을 강조하였다. 그래서 지식적이거나 사변적이지 않고, 오히려 성경적이고 해설적인 특징이 있다. 이는 그의 목회적 인식과 신학적 관심이 실제로 표출된 결과로 평가된다.

내용 면에서 불링거는 자신의 모든 저술에서 경건하고 간결하며 선명한 믿음과 사도적이며 정통적인 신학의 원리를 제시하였다. 그는 신학적 전문지식을 가지지 못한 신자들을 위해 초기 사역 때 저술한 몇몇 글들을 제외하고, 성경을 지식적, 사변적으로 이해하는 일체의 시도를 스스로 자제하였다. 이 때문에 불링거는 평생을 신자들과 동시대의 현실적 문제들에 관심을 가지고, 아픔과 고통을 함께 나눈 목회자이자, 위로자로 인식되었다.

---

91    Bullinger, Studiorum Ratio, Einleitung.

92    Park, Heinrich Bullingers katechetische Werke, 266-7.

## 4) 개혁파 정통주의 신학의 기초

불링거의 신학은 내용적으로 전체 성경(tota scriptura)에 근거하여 교회-교리사적 전통 속에 논의된 모든 신학적 주제들을 자세하게 설명한다. 성경적이면서도 초대교회적이고, 현명하면서도 친절하고, 정교하면서도 어렵지 않다는 평가를 받는다. 불링거는 보편 교회의 의식 속에 이단들과 로마 가톨릭교회의 오류를 명확하게 비판하고 루터파 교회와 신학적 차이점을 최소화하여 자신의 신학을 정리했다. 쯔빙글리로부터 시작된 성만찬론에 대한 갈등으로 늘 루터파 교회와 긴장이 있었지만, 가능한 한 루터의 공재설에 관하여 온화한 형태로 반대 입장을 표명했다는 점을 기억해야 한다. 불링거의 신학은 핵심적으로 사도적 가르침에 근거하여 모든 역사적, 교회의 신앙적 유산을 존중하면서 보편 교회의 정체성을 확인시켜 준다. 그리고 종교개혁의 신학적 논쟁 속에서 드러난 구원론, 언약론, 성만찬론 등과 관련된 개혁파 신학의 독특성을 잘 드러내 준다. 특별히 불링거의 신학은 그와 깔뱅 사이의 신학적 본질이 아닌 교회-교리사적 입장에서 비롯된 몇 가지 다른 내용에도 불구하고, 두 사람 사이의 풍성한 교류를 통해 그 공통점이 더욱 분명하고 확고하게 드러나 있는 초기 개혁파 정통신학의 한 요해(eine Summe)를 제시한다. 결과적으로 불링거의 신학적 입장에서 우리가 주목할 한 가지 중요한 점은 교회-교리사적으로 프리츠 뷔서(Fritz Büsser)의 언급에서 살펴볼 수 있다. "16세기 깔뱅주의자들은 이단으로 명명되었다. 따라서 쯔빙글리, 외콜람파드, 부처, 버미글리, 베자 그리고 다른 (개혁파) 신학자들과 함께 깔 뱅과 불링거는 자신 스스로 거룩하고 사도적이며 보편적인 교회의 종교개혁자이자 개혁파 교회의 신자들로 간주하였다."[93]

개혁파 교회와 신학은 종교개혁 당시 다양한 인물들이 표명하고 그들 상호 간의 신학적 교류와 영향 가운데 뿌리내리며 발전하였다. 그러나 어느 한 시점에서부터 깔뱅 한 사람의 강한 그늘 아래 놓였 다. 이와 관련하여 발생한 문제는 종교개혁 초기 다른 개혁파 신학자 들의 사상이 오직 깔뱅의 입장 속에 함몰되어 이해된 것이다. 종교개 혁사 연구에서 이 부조화를 극복하는 것이 과제로 주어져 있는 것이 사실이다. 한 실례로, 개혁파 교회 안에서 깔뱅은 루터파 교회 안에 서 루터와 같은 동일한 역할을 하지 않았다. 1580년 6월 25일에 출판 된 루터파 교회 신앙고백서들의 모음집인 《일치신조서》가 루터 사상 의 핵심을 말하고 있다면, 이와 반대로 개혁파 교회의 신앙고백서들 은 깔뱅이라는 한 신학자에게만 특별한 권위를 부여하지 않는다. 개 혁파 교회의 신앙고백서들은 그 기원에서부터 교회-교리사적으로 정 통신학을 존중하면서, 개혁파 신학자들 상호 간의 교류 속에 협의하 고 절충하여 몇몇 인물들과 공적모임을 통해 정리된 것이다. 개혁파 신학이 종교개혁 당시 다양한 인물들이 표명하였을 뿐만 아니라 그

---

93   Fritz Büsser, Die Prophezei. Humanismus und Reformation in Zürich Ausgewählte Aufsätze und Vorträge, Bd. 17, hg. von Alfred Schindler, Bern,·Berlin,·Frankfurt a.M,·New York,·Paris,·Wien 1993, 200: "Als Calvinisten wurden im 16. Jh. Ketzer bezeichnet; Calvin und Bullinger, mit ihnen Zwingli und Oekolampad, Bucer, Vermigli, Beza u. a. betrachteten sich selber als Reformatoren der einen hl. apos- tolischen und katholischen Kirchen, als reformierte Katholiken."

들 상호 간의 신학적 교류와 영향 속에 뿌리내리고 발전된 것임을 분명히 한다. 더욱이 새로운 연구를 통하여 17세기 웨스트민스터 신앙고백서와 요리문답들의 신학적 내용과 구조 및 진술된 요소들은 오직 깔뱅만 연결된 것이 불가능한 것임을 말해 준다. 깔뱅의 신학적 탁월함에도 불구하고 16세기 종교개혁 당시, 개혁파 교회와 신학을 위해 헌신하고 기여한 다른 개혁파 종교개혁자들이 결코 잊혀서는 안 된다는 점을 분명히 한 것이다. 당연히, 그들과 함께 불링거 역시 매우 주도적인 인물로 포함된다.

불링거와 깔뱅 신학의 차이는 그들의 신학적 원리(die theologische Substanz)가 아니라, 그들의 신학적, 교리사적인 의도(die thelogische und dogmengeschichtliche Intention) 안에 있다.[94] 두 신학자가 이미 강조한 각자의 신학적 내용이 선명하다. 특별히 불링거가 구속사와 언약신학에 주된 관심을 보였다면, 깔뱅은 신학의 논리성과 하나님의 주권에 더 큰 관심을 가졌다고 할 수 있다. 이러한 차이점에도 불구하고 깔뱅의 신학과 비교해 볼 때, 불링거의 신학은 그의 대표적인 《50편 설교집》과 《스위스 제2 신앙고백서》를 통해 개혁파 교회의 초기 정통주의의 길을 예비한 것이다. 즉 불링거의 신학은 개혁파 정통주의의 기초를 제시함으로 사도적 가르침과 초대교회의 정통신학에 가장 충실히 서 있다고 간주 된다.

---

94  C. Strohm, Bullingers Dekaden und Calvins Institutio: Gemeinsamkeiten und Eige-narten, in: Calvin im Kontext der Schweizer Reformation, Historische und theolo-gische Beitraege zur Calvinforschung, Zuerich 2003, 213-248.

# 나오며

16세기 종교개혁을 대표하는 루터, 쯔빙글리, 깔뱅 외에 19세기 중반 이후 본격화된 새로운 연구를 통해 불링거 뿐만 아니라 다른 종교개혁자들(부처·멜란히톤·외콜람파드·버미글리·베자 등)에 대한 지평이 확대되고 있다. 이 결과로 종교개혁사에 대한 이해가 더욱 풍성해진 것이 사실이다. 기존 세 사람 중심으로 그들이 사역했던 비텐베르크, 취리히, 제네바 중심의 지역적 구도를 넘어 종교개혁을 전 유럽의 시각 속에서 종합적이고, 균형적이며, 인물과 인물, 지역과 지역, 신학과 신학을 연계하여 유기적으로 볼 수 있도록 해 주기 때문이다. 오랫동안 〈하인리히 불링거〉라는 이름은 스위스 개신교의 개혁파 지류를 형성한 쯔빙글리와 제네바 동료인 깔뱅의 그늘 아래 빛을 보지 못했다. 불링거는 개혁파 교회의 한 아버지로서[95] 당대 교회정치적으로 가장 큰 영향력을 발휘한 인물이었다. 그의 신학적 저술이 17세기까지 유럽 전역에서 출판되었으며, 그가 저술한 《스위스 제2 신앙고백서》(Confessio Helvetica Posterior)는 오늘날까지 중요한 개혁파 신앙고백서로 간주됨에도 불구하고 사람들의 기억 속에서 잊혀진 것이다.

오늘날 한국 교회가 불링거를 다시 기억해야 할 이유는 무엇일까? 그는 평생 보편 교회를 위한 삶을 살았다. 그가 추구했던 신학은

---

95  Wolf-Dieter Hauschild, Lehrebuch der Kirchen- und Dogmengeschichte, Bd. 2, Reformation und Neuzeit, Guetersloh 1999, 194-5. (참고: F. Blanke und I. Leuschner, Heinrich Bullinger: Vater der reformierten Kirche, Zuerich 1990.)

교회와 신자의 신앙적인 유익을 위한 것이었다. 로마 가톨릭교회로부터 개혁된 교회가 다시 타락하지 않고 보존될 수 있게 하는 데도 헌신했다. 스위를 넘어 전 유럽에서 핍박받은 개신교가 장구한 역사 속에서 바르게 유지되도록 제도적인 방안을 강구한 것이다. 당시 배움이 없는 신자들도 신앙적인 혼란 없이 이해하기 쉽게 바른 신앙지식을 전달하고자 노력했다. 중세시대처럼 신자들이 신학으로부터 소외되어 무지와 미신으로 고통받지 않기를 바랐기 때문이다. 유럽 전역의 핍박받는 신자들도 잊지 않았다. 영국, 프랑스, 이탈리아, 독일, 헝가리 등에서 로마 가톨릭교회와 무슬림 통치로부터 박해받는 신자들을 돕기 위해 모든 역량을 동원했다. 불링거는 자신의 시대를 어떻게 살아가야 할지를 진지하게 고민한 인물이다. 모든 신앙적인 문제에 답하며 한 시대의 책임 있는 교회 지도자로서 치열하게 살아간 것이다. 그 자신은 병들어 죽어가는 순간에도 하나님의 선하신 은혜를 구하며 교회와 신자의 유익을 염려했다. 의심의 여지 없이 불링거의 삶은 오늘을 살아가는 한국 목회자들과 신자들에게 바른 신학, 바른 교회, 바른 생활에 대한 구체적인 모범을 제시한다.

# Die gantze Bibel

der vrsprünglichē Ebraischen
vnd Griechischen waarheyt
nach/ auffs aller treüwli:
chest verteütschet.

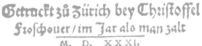

Getruckt zů Zürich bey Christoffel
Froschouer/ im Jar als man zalt
M. D. XXXI.

# 2

# 하인리히 불링거가 말하는
# '목사직'

에미디오 캄피 | 번역 안상혁

The pastoral office in Heinrich Bullinger's thinking

## 들어가며

개신교 신학과 교회에서 목회 사역에 대하여 숙고하는 일은 반드시 필요하다. 특별히 교회연합을 위한 논의로서 목회적 주제가 차지하는 핵심적 중요성과 관련되어 있기 때문이다. 최근 루터파 교회, 로마 가톨릭교회, 영국 교회, 감리교회, 개혁파 교회 등이 근본적인 칭의 교리의 합의문에 서명한 후에, 그들은 이 합의가 지닌 교회론적 함의에 관심을 가지고 토론의 의제로 삼았다. 이 모임은 교회연합의 합의로 진일보하는 중요한 단계를 밟아갈 것으로 보인다. 그 결과로 그들은 최종적으로 '1999년 칭의론 공동선언'과 유사한 '목회론 공동선언'을 발표할 수도 있을 것이다.

먼저, 필자는 새로운 개념과 실천적인 가능성을 가지고 교회 직분의 새로운 비전을 만든 초기 종교개혁의 노력을 개략적으로 제시할 것이다. 이 비전은 결과적으로 기독교의 모습을 변혁시키는 잠재력이 있음이 입증되었다. 다음으로 필자는 《스위스 제2 신앙고백서》 18장에 기록된 '말씀 사역'(ministerium verbi)의 핵심적 주제들을 면밀하게 살펴볼 것이다. 이 사실에 기초하여 몇 가지 중요한 신학적 결론을 이해할 수 있다.


# 1. 종교개혁과 목회 사역


우리는 모두 안수를 받은 개신교 목사의 중요한 책임이 무엇인지 잘 알고 있다. 즉 하나님의 말씀을 설교하거나 가르치며, 성례를 집례하며, 목회적 돌봄을 실천하며, 교회와 사회의 공동체 삶을 지도함으로써 그리스도의 몸을 모으고 세우는 사역이다. 하지만 목사 한 사람이 매일매일 수행해야만 하는 직무를 외형적으로 살펴보는 것만으로 실제적인 목회 사역의 고유한 성격을 이해하기기는 어렵다. 목회 사역의 본질을 알기 원하는 사람은 교회 직분의 근원을 탐구할 필요가 있다. 당연히 이 문제를 해결하기 위해 우리는 필연적으로 종교개혁자들과 성경으로 거슬러 올라가야 한다.[1]

---

1  비교적 최근의 연구물들만 살펴보아도 그 범위는 매우 광범위하다. 본고와 관련이 있는 몇몇 연구물들을 소개하면 다음과 같다. 먼저, 개론적인 연구서로 다음의 것들을 참고하라: C. Scott Dixon and Luise Schorn-Schutte (eds), The Protestant Clergy of Early Modern Europe, (New York: Palgrave Macmillan: 2003); Eduardus A.J.G. Van Der Borght, A Reformed Contribution to an Ecumenical Dialogue (Leiden: Brill 2007). 다음으로 좀 더 전문적 연구서로 다음의 것들을 참고하라: B.A. Gerrish, "Priesthood and Ministry in the Theology of Luther," in Church History 34 (1965), 404-422; Scott H. Hendrix, Ecclesia in via : ecclesiological developments in the medieval psalms exegesis and the "Dictata super Psalterium"(1513-1515) of Martin Luther

신약 성경에 나타난 목회 사역의 표현들과 성격들이 다양하고 유동적이라는 것은 부인할 수 없는 사실이다. 하지만 이 주제들을 여기서 모두 논의하기에는 너무나 광범위하다. 그래서 우리는 종교개혁자들이 신약 성경에 나타난 목회 사역의 표현들과 성격들 사이의 연속성을 주장했다고 전제해야 한다.

종교개혁자들이 가장 원하지 않았던 것은 새로운 교회를 세우는 일이었다. 그럼에도 불구하고 중세시대의 교회를 특징짓는 어떤 전통이 존재했는데, 그것은 종교개혁자들의 원칙에는 매우 생소하고 낯선 내용이었다. 이 전통에 따르면 하나님은 어떤 특정한 사람들을 일반 신자들로부터 구별하여 세우고, 그들이 희생제사와 초자연적 기적을 일으키는 예식의 미사를 집전하도록 하여 하나님이 은혜를 베풀도록 만드셨다는 것이다. 하지만 종교개혁자들은 전혀 다른 입

(Leiden: Brill, 1974); Willem van't Spijker, The Ecclesiastical Offices in the Thought of Martin Bucer (Leiden: Brill, 1996); W. Peter Stephens, The Theology of Huldrych Zwingli (Oxford: Clarendon Press, 1986); Hans Scholl, Verantwortlich und frei : Studien zu Zwingli und Calvin, zum Pfarrerbild und zur Israeltheologie der Reformation (Zurich:TVZ, 2006); John A. Maxfield, Luther's lectures on Genesis and the formation of evangelical identity (Kirksville, Mo. : Truman State University Press, 2008) Daniël Timmerman, Heinrich Bullinger on Prophecy and the Prophetic Office (1523–1538) (Göttingen, Vandenhoeck &Ruprecht: 2015); Elsie Anne McKee, The pastoral ministry and worship in Calvin's Geneva (Geneva: Droz, 2016); Jin Kook Kim, Die reformatorische Amtslehre bei Melanchton in seinen späteren Werken und im Vergleich mit Luther und Calvin (Münster : Edition Forschung, 2016); Ulrich. Heckel /Jürgen Kampmann /Volker Leppin / Christoph Schwöbel (eds), Luther heute. Ausstrahlungen der Wittenberger Reformation (Tübingen: Mohr Siebeck, 2017); Jeff Temple, Like Angels Among Them: John Calvin and the Protestant Pastorate (2016). Electronic Thesis and Dissertation Repository. 4295. 참고: https://ir.lib.uwo.ca/etd/4295.

장을 견지했다. 즉 그들은 구원은 하나님께서 자격 없는 자들에게 직접적으로 베푸시는 선물이며, 설교 말씀을 통해 적용된다는 사실을 강하게 주장했다.

물론 종교개혁 이전에도 설교는 신자의 삶에 중요한 역할을 했다. 프란체스코 수도회와 도미니크 수도회의 활동이 이 사실을 보여준다. 루터와 그의 동료 개혁자들이 설교를 처음 발명한 것이 아니었다. 하지만 그들은 로마 가톨릭교회의 사제들과 다르게 개신교 예배에서 설교의 위치를 높이고 새로운 지위를 부여했다. 이제 설교는 예배에서 최고로 중요한 부분이 되었다. 거의 성례와 같은 성격을 띠게 되었다고 말할 수도 있다. 즉 설교는 예전의 핵심이 되었기 때문이다. 아우구스티누스의 전통을 따라 종교개혁자들은 설교를 '보이는 말씀'(verbum visibilis)의 성례로 간주했고, 하나님 말씀을 공적으로 설교하는 것과 성례(세례 및 성만찬)를 불가분의 관계로 묶어 놓았다. 복음적 교회론의 대헌장이라고 할 수 있는 1530년《아우그스부르크 신앙고백서》의 7조항은 이 내용을 다음과 같이 요약적으로 진술했다. "교회는 신자들의 모임이다. 이 안에서 복음은 올바르게 가르쳐지고, 성례는 올바르게 집례 된다." 이 전통적 교회의 정의는 스위스 종교개혁자들에게도 지대한 영향을 미쳤다. 1534년《바젤 신앙고백서》, 1536-37년《제네바 신앙고백서》, 1536년《스위스 제1 신앙고백서》, 1566년《스위스 제2 신앙고백서》등이 멜란히톤의 고백을 명시적으로 혹은 암묵적으로 인정하고 있기 때문이다.

교회에 대한 종교개혁자들의 관점은 한 몸의 개념을 직분적으로 분리하고, 계급적인 구조로 만든 교황주의 직분 체계를 완전히 부정했다. 그 대신에 '만인 제사장직'의 교리를 분명하게 가르쳤다. 물론 오늘날 '만인 제사장직'은 당연한 표현으로 들린다. 신학 전통의 한 조각과 같은 말이 오랜 세월 속에 자주 사용되어 너무도 당연하게 받아들이는 익숙한 표현이 되었기 때문이다. 사실, '만인 제사장직'은 교리적 표현이라기보다는 당시 전쟁터에서 외쳐대는 전투 함성과 같은 구호였다. 이 표현은 근본적으로 성경적 개념인데, 베드로전서 2장 9절에 기초하며 요한계시록 5장 9-10절을 반영한 것이다. 이미 1520년에 루터는 이렇게 주장했다.

"모든 신자는 세례에 근거하여 똑같은 사제들이다. 직분적인 역할 외에 성직자와 신자들 사이에는 어떤 영적인 차이도 존재하지 않는다. 설교하고 성례를 집례하는 권세는 전체 기독교 공동체에 주어진 것이다. 교황, 감독, 사제, 수도승을 가리켜 영적인 신분이라고 부르고, 국왕, 영주, 장인, 농부 등을 가리켜 세속적인 신분이라고 부르는 것은 순전히 인간의 발명품이다. 참으로 이러한 신분적 구분은 속임수이며 위선적이다. 이 구분 때문에 어느 누구도 겁먹을 필요가 없다. 모든 신자는 진실로 영적인 신분을 가지고 있다. 교회의 직분을 제외하고 신자들 사이에 어떤 계급적 구분도 존재하지 않는다. 사도 바울은 고린도전서 12장에서 "우리는 모두 한 몸을 이루었으나 각자는 자신의 사역을 통해 다른 사람을 섬긴다"고 말씀했다. 이렇게 할 수 있는 것은 우리가 오직 한 세례, 한 복음, 한 믿음을 가졌기 때문이며, 우리가 예수 그리스도 안에서 동일하기 때문이다. 오직 세례와 복음 그리고 믿음만이 우리를 영적으로 만들고, 기독교 국민으로 만들 수 있다. 그래서 베드로 사도는 베드로전서 2장에서 "너희는 왕 같은 제사장이요 제사장 나라"라고 말씀했다. 요한계시록이 "주님께서 우리를 그의 피로 제사장들과 왕들을 삼으셨다"라고 말씀하는 것처럼, 우리는 세례를 통해 거룩한 제사장이 된 것이다."[2]

하지만 루터는 누구든지 교회의 직분을 감당할 수 있다고 생각하지 않았다. 전혀 그럴 수 없는 것이다. 이미 루터는 매우 흥분될 만한 사실을 발견했는데, 하나님의 모든 백성이 그리스도의 중보적 제사장직에 참여한다는 것이다. 그리스도께서 자신을 하나님께 드린 것처럼, 모든 신자도 자신의 전 존재를 '산 제물'로 하나님께 드린다. 그리스도께서 성부 하나님 앞에서 우리를 위해 간구하시는 것처럼, 모든 신자도 교회와 세상의 구원을 위해 하나님께 간구할 수 있다. 그럼에도 불구하고 루터는 모든 신자에게 해당되는 만인 제사장 직분과 안수 받은 목회 직분 사이에 구분은 반드시 유지되어야 한다고 생각했다. 신약 성경에서 이 구분이 분명하게 명시되어 있기 때문이다.

그러나 종교개혁 초기의 활동들을 평가한 모든 연구에서 공통적으로 다음과 같은 사실을 분명하게 알려 준다. 만인 제사장의 원리가

---

2  WA 6, 563.

복음주의 진영에서 폭넓게 수용되었음에도, 이 원리가 구체적으로 실천되는 것에 있어서는 생각했던 것보다 결코 쉽지 않았다는 사실이다. 얼마 지나지 않아 종교개혁자들은 성직자의 직무에 대한 급진적인 재정의가 의미하는 현실과 정면으로 대면해야 했다. 많은 개신교인에게 어떻게 신실한 사역자를 규정할 수 있는지는 결코 분명하게 해소되지 않았다. 교회에서 사역자의 기능이 정확히 무엇인가에 대한 성격을 선명하게 정립하는 것도 쉬운 문제가 아니었다.

더욱이, 곧바로 심각하면서도 도전적인 질문이 제기되었다. 몇 가지 예로 교회의 권위가 미치는 범위는 어디까지인지, 혹은 교회의 권위는 일반 신자들과 그들이 속한 시민사회의 권위적 구조와 어떻게 관계 맺는지 등이다. 그리고 매우 놀랄만한 인식의 전환으로 교회 사역의 본질적인 성격과 기능을 재정의 하는 것도 필요하게 되었다. '만인 제사장직'은 종교개혁의 가르침 가운데 가장 생명력이 있는 동시에, 가장 잘못 이해하는 가르침이기 때문에 이와 관련하여 다음 사항을 명확히 할 필요가 있다. 즉 '만인 제사장' 교리는 모든 신자에게 자발적으로 설교하도록 하거나 성례를 집례할 수 있는 권리를 수여한다는 의미가 아니라는 사실이다. 이러한 수행은 교회 공동체의 공적인 권리를 탈취하는 행위가 된다.

루터에 따르면 교회 사역자는 교회 공동체로부터 특별한 직무를 위탁받았다고 말해야 한다.[3] 교회 사역자는 자신에게 맡겨진 직무를

---

3   WA 11, 142.

수행하는 동안에만 자신의 지위를 유지하며, 이 직무를 수행하지 않는다면 자신의 자리에서 당연히 물러나야 한다.[4] 이 때문에 루터와 이후 시대의 개신교인들은 설교의 직무를 일종의 '사역'으로 간주한 것이다. 이 단어는 섬기는 종을 의미하며, 본질적으로 기능적인 역할을 함의하고 있다. 그래서 스위스 종교개혁자 쯔빙글리도 이와 동일한 이해를 가진 목소리를 냈다. 그는 목사를 가리켜 '거룩한 말씀의 사역자'(verbi divini minister)라고 적절하게 표현했다. 이 칭호는 오늘날까지 스위스 교회에서 유지되고 있다.[5]

물론 이 직분과 관련하여 문제가 없었던 것은 아니다. 아무리 루터가 특정하게 사역자의 직무를 감당할 사람은 구별되어야 한다는 견해를 받아들였다고 해도, 그는 이 직분과 관련하여 구체적인 항목을 규정하는 일에는 별다른 관심을 두지 않았기 때문이다. 그 실례로, 교회의 사역자는 어떤 모습이어야 하는지, 그들은 어떻게 선출되어야 하는지, 그들의 자격요건은 무엇인지, 그들이 신자들에게 행사할 수 있는 권리는 무엇인지 등의 질문들에 대해 깊이 생각하지 않은 것이다.

이와 대조적으로 쯔빙글리는 사역자의 정체성과 역할을 좀 더 명확히 규정하는 일에 관심을 기울였다. 그의 저작들 가운데 두 가지가 사역자의 직무를 직접적으로 다루고 있다. 1523년에 출판된 『목자』와 1525년에 출판된 『사역자』이다. 이 저작들은 논쟁적 글이다. 전자

---

4   WA 6, 408. 그리고 다음을 참조하라: WA 15, 721.
5   WA 6, 541, Stephens, Zwingli, 274-277.

는 로마 가톨릭교회의 사제주의를 비판하면서 개신교의 목회에 관하여 다룬 저술이고, 후자는 목사의 직무에 관한 재세례파의 견해를 논박하는 저술이다. 한 걸음 더 나아가 쯔빙글리는 미래의 목사 훈련을 보장할 수 있는 교육기관을 설계했다. 즉 [목회자의 교육을 담당하는] 학교를 고린도전서 14장 29절에 대한 자신의 해석에 근거하여 '예언'의 의미를 가진 '예언회'(Prophzei)로 명명한 것이다. 이 예언회의 영향력은 매우 커서 그 후로 유럽 전역에 존재하는 개혁파 학교들의 모델이 되었다. 이 새로운 학교의 성과물들 가운데 대표적인 열매는 1529년 '예언자들의 성경'과 1531년 '취리히 성경'이다. 전제 성경을 원어로부터 독일어로 번역한 복음적인 역본들 가운데 최초의 것이다. 이 외에도 1539년과 1543년에 출판된 라틴어 취리히 성경이 있다.[6]

1세대 종교개혁가들 가운데 일반적 의미에서 교회 직분과 특별히 사역자의 직분에 관한 차별화되고 가장 명확한 비전을 제시한 인물은 마르틴 부처(Martin Bucer)이다.[7] 1536년 마태복음 주석에서 부처는 말씀을 설교하고 성례를 집례하는 사역자 외에도 교회는 가르치는 교사와 가난한 자를 돌보는 집사들 그리고 공동체 안에서 영적인 질서를 유지하고 권징을 행할 장로들이 필요하다고 제안했다. 그리

---

[6]   Amy Nelson Burnett and Emidio Campi (eds), A Companion to the Swiss Reformation (Leiden: Brill, 2016), 77-78.

[7]   van't Spijker, The Ecclesiastical Offices; Amy Nelson Burnett, The yoke of Christ: Martin Bucer and Christian discipline (Kirksville, Mo.: Sixteenth Century Publishers, 1994).

고 부처는 취리히에서 제도화된 '예언회'의 실례를 따라서 복음적 성직자들을 훈련하는 '설교자 학교'(Collegium Praedicatorum)를 세웠다. 이때 함께 협력한 동료들은 볼프강 카피토(Wolfgang Capito), 카스파 헤디오(Caspa Hedio) 그리고 당대의 가장 탁월한 교육가인 요하네스 슈트룸(Johannes Strum)이었다.

종교개혁 당시에 성직자의 성격과 기능을 규정하는 까다로운 문제에 대해 실제적이며 구체적인 해법을 긴급하게 제공할 필요가 있었다. 이 문제를 인식했던 개혁파 지도자들 가운데 가장 눈에 띄는 두 인물은 요한 깔뱅과 하인리히 불링거이다. 취리히의 두 번째 종교개혁자를 다루기에 앞서 깔뱅의 1541년 '교회규범'에 깊이 스며있는 깔뱅의 교회정치사상이 가진 탁월한 중요성을 핵심적으로 생각해 볼 필요가 있다.[8] 신약 성경으로부터 도출한 증거들과 스트라스부르크(Strassburg)에 체류하는 동안 얻은 경험에 근거하여 깔뱅은 목회 사역을 네 개의 직분으로 규정했다. 첫째로 목사는 말씀을 설교하고 성례를 집례한다. 둘째로 교사는 기독교 교리를 가르친다. 셋째로 평신도 장로는 신자들의 영적인 삶과 행위를 감독하고 도덕적 권징을 집행한다. 넷째로 평신도 집사는 가난한 사람을 구제하는 일을 체계적으로 감당한다.

---

8  Elsie McKee, "Calvin and his Colleagues as Pastors: Some New Insights Into the Collegial Ministry of Word and Sacraments," in H.J. Selderhuis (ed), Calvinus Praeceptor Ecclesiae. Papers of the International Congress on Calvin Research, Princeton, August 20-24, 2002 (Geneva: Droz, 2004), 9-42; Randall Zachman, John Calvin as Teacher, Pastor and Theologian (Grand Rapids: Baker, 2009); Temple, Calvin and the Protestant Pastorate.

1541년 '교회규범'은 목회자의 훈련을 위한 교육기관을 제안하였다. 이 기대는 1559년에 제네바 학교를 설립함으로써 실현되었다. 깔뱅은 다양한 사역자들의 소명 및 임명과 관련된 문제들에도 큰 관심을 가졌다. 즉 누가 임명을 받아야 하며, 어떤 방식으로 교육해야 하며, 누구에 의해 선출되며 그리고 어떤 예전과 함께 교회 사역을 감당해야 하는지 등의 문제들에 집중했다. 깔뱅의 사중 사역 모델이 가진 기념비적인 특징은 그것이 시민 정부로부터 상대적으로 자율적이고 독립적이라는 사실에 있다. 깔뱅이 개신교 영역에 속해 있는 교회들을 위해 제공한 것은 모든 지역의 정황에서 자유로운 수용과 적용이 가능하도록 원리와 실천으로 구성된 직분의 원리였다.

## 2. 불링거의 목회론과 《스위스 제2 신앙고백서》

가장 최근에 이루어진 연구 결과에서 깔뱅의 교회규범이 가진 근본적인 중요성을 결코 폄훼하지 않으면서도, 개혁파 목회론이 공고화되는 데 깔뱅 못지않게 중요한 기여를 한 인물은 하인리히 불링거(Heinrich Bullinger)이다. 그는 취리히 교회의 대표 목사(Antistes)로 선출된 1531년부터 사망한 1575년까지 목회자, 신학자 그리고 위로자로 활동했다. 불링거는 개혁파 목회의 모델을 발전시킨 중요한 동력을 일으킨 인물들 가운데 한 사람이었다. 그의 사역은 스위스 연방의 경계를 넘어 유럽 전역에 영향을 미치는 큰 성공을 거두었다. 불링거는 1566년《스위스 제2 신앙고백서》에서 목회 직무에 관하여 밝혔다. 그 내용을 면밀하게 검토하는 것은 충분히 가치 있는 시도라고 할 수 있다. 처음부터 불링거가 의도한 바에 따르면, 이 신앙고백서는 자신의 유언서와 같은 성격을 띠었다. 여기에서 고백된 신앙의 내용에 따라서 살고 죽기를 원하는 심정으로 작성된 것이기 때문이다. 불링거의 처음 의도와 다르게 이 신앙고백서는 어떤 기회로 모든 사람에게 소개되었으며, 유럽 전역에까지 광범위하게 확산되었다. 지금까지 불링거의 신앙고백서는 유럽, 남북아메리카, 아프리카 그리고 아시아에 있는 개혁파 교회들이 공적으로 인정하는 신앙문서가 되었다.

《스위스 제2 신앙고백서》18장에 교회의 사역자에 관한 내용이 진술되어 있다. 18장은 전체 신앙고백에서 가장 긴 내용에 해당한다. 16세기 다른 종교개혁자들 및 개신교 신학자들과 마찬가지로 불링거는 목사 직분이 구약시대의 제사장 직분이 아니라는 사실을 밝혔다. 이 내용을《스위스 제2 신앙고백서》18장에서 놀라울 정도로 분명하게 설명하고 있다.

"**10항** 그리스도의 사도들이 그리스도를 믿는 모든 사람을 '제사장'이라고 불렀다는 것은 확실하다. 그러나 직분 자체 때문이 아니고, 모든 믿는 사람이 왕과 제사장이 되어 우리가 그리스도를 통하여 하나님께 영적 제사를 드릴 수 있기 때문이다(출 19:6; 벧전 2:5, 9; 계 1:6). 그러므로 제사장 직분과 교회 직분은 아주 다르다. 제사장 직분은 방금 말한 바와 같이 모든 그리스도인에게 공통된 것이지만, 교회 직분은 그렇지 않다. 우리가 그리스도의 교회로부터 교황주의 사제직을 받아들이지 않는다고 해서 교회 직분을 폐하는 것이 아니다.

**11항** 그리스도의 새 언약에는 분명하게 구약시대의 사람들에게 있었던 제사장 직분은 더 이상 존재하지 않는다. 제사장 직분은 외적으로 기름 부음을 받고, 거룩한 옷차림으로 아주 많은 의식을 행하는 것이었는데, 이 직분은 그리스도의 모형으로서 이 땅에 그리스도가 오셔서 모든 것들을 성취하심으로써 폐지된 것이다(히 9:10, 11). 그러나 그리스도 자신은 유일하신 제사장으로 영원히 남아 계신다. 그러므로 우리는 그리스도로부터 어떤 것도 훼손하지 않도록, 어떤 사역자에게도 제사장이라는 이름을 부여해서는 안 된다."[9]

이 신앙고백서의 내용은 훌륭한 개신교 교회론에 대한 표현이다. 이렇게 진술된 내용에서 새로운 것은 전혀 확인되지 않는다. 불링거

---

[9] CHP, Chap. 18, 319, 9-22. 필자가 편집한 "스위스 제2 신앙고백서"의 라틴어 판본을 사용하였다. 자료의 출처는 다음과 같다: Reformierte Bekenntnisschriften, vol. 2/2: 1562-1569, ed. by Andreas Mühling et al. (Neukrichen-Vluyn: Neukirchener Verlag, 2009). 약자로 CHP로 표기한다. 표기 순서는 장, 페이지, 행을 순서대로 표기했다. 필자가 사용한 영역본은 다음과 같다. 약자로는 SHC.(Second Helvetic Confession)로 표기한다. Philip Schaff, Creeds of Christendom, vol. III: The Evangelical Protestant Churches (Grand Rapids: Baker Books, repr. 1983), 831-909. [한글 역본으로는 김영재 교수의 『기독교 신앙고백』(수원: 영음사, 2011)을 필요에 따라서 다소 교정하여 사용하였다. - 역자 주]

가 이해한 목회 사역의 핵심적 사안은 18장 1항부터 등장한다. 여기에서 목회 사역이라는 주제를 다루는 기쁨과 놀라움의 원천을 발견한다.

"**1항** 하나님께서는 자신을 위하여 교회를 불러 모으시며, 설립하시며, 다스리시며, 보존하시기 위해 항상 사역자들을 사용하셨다. 하나님께서는 교회가 땅 위에 존속해 있는 한 그들을 언제나 사용하실 것이다. 그러므로 사역자들의 소명과 취임 그리고 사역은 하나님께서 친히 주관하시는 것이며, 사람들이 처음부터 시작한 것이 아니다."[10]

불링거는 사역자들의 자리를 구속사의 문맥 안에 위치시켰다. 목회 사역은 교회를 불러 모으고 보존하기 위해 하나님께서 친히 지정하신 것이다. 즉 인간이 고안해 낸 것이 아님을 의미한다. 모든 것은 하나님의 의지에 의존하고 있다. 이뿐만 아니라, 불링거는 하나님께서 족장들, 모세 그리고 선지자들을 각자 시대의 교사들로 사용하셨다고 밝혔다. 그리고 최종적으로 하나님은 자신의 아들을 보내셨다. 이 아들은 무한하신 지혜로 충만하셨으며, 우리를 위해 아무런 흠이 없는 안내자가 되셨다. 그리스도께서는 사도들을 선택하셨고, 사도들은 모든 교회 안에서 목사들을 세우고 안수했다. 그 후로부터 그들

---

10    CHP, Chap.18, 316, 18-222.

의 계승자들이 오늘날까지 교회에서 가르치고, 교회를 치리하고 있다. [11]

하지만 목회 사역의 탁월함과 위엄은 사역자에게 있는 것이 아니라 목회 직분 그 자체에 있다. 더 정확히 말하면, 이 직분은 복음 자체에 귀속된 것으로 사람은 단지 복음에 수종 드는 자일뿐이다. 그들은 "하나님의 사역자로서 하나님은 그들을 수단으로 사용하셔서 인류의 구원을 이루어 가신다." [12] 이 구속의 역사를 이루는 방식으로 하나님이 친히 사역자를 임명하시는 것이다. 그래서 그들의 개인적 자질은 신중하게 고려되어야 한다. 불링거는 어떤 사람이 사역자로서의 부르심을 느낀다고 해서, 이 개인적 소명이 목사 직분을 수행할 수 있

---

11    CHP, Chap. 18, 317, 16-32; SHC: "God has used for his ministers, even from the beginning of the world, the best and most eminent men in the world (for, although some of them were inexperienced in worldly wisdom or philosophy, yet surely in true divinity they were most excellent) -- namely, the patriarchs, to whom he spake very often by his angels. For the patriarchs were the prophets or teachers of their age, whom God, for this purpose, would have to live many years, that they might be, as it were, fathers and lights of the world. They were followed by Moses and the prophets renowned throughout all the world. Then, after all these, our heavenly Father sent his only begotten Son, the most perfect teacher of the world; in whom is hidden the wisdom of God, and from whom we derive that most holy, perfect, and pure doctrine of the Gospel. For he chose unto himself disciples, whom he made apostles; and they, going out into the whole world, gathered together churches in all places by the preaching of the Gospel. And afterward they ordained pastors and teachers in all churches, by the commandment of Christ; who, by such as succeeded them, has taught and governed the Church unto this day. Therefore, as God gave unto his ancient people the patriarchs, together with Moses and the prophets, so also to his people under the new covenant he sent his only begotten Son, and, with him, the apostles and teachers of this Church.

12    CHP, Chap. 18, 316, 25-26: "ministri Dei, utpote per quos Deus salutem hominum operatur."

는 충분한 조건이라 간주하지 않았다. 불링거는 다음과 같이 명확하게 밝혔다. "아무도 목회 사역의 명예를 뺏을 수가 없다. 즉 이 사역은 뇌물, 어떤 속임수 그리고 사람이 자의적으로 선택해서 취할 수 있는 것이 아니다." 불링거는 좀 더 구체적으로 〈사역자들은 교회에 의해 합법적으로 부름을 받고 선출되지 않는 한 결코 임명받도록 해서는 안 된다〉고 말한 것이다. 이러한 입장을 《스위스 제2 신앙고백서》에서 여러 번 항상 색다른 방식으로 새롭게 반복하여 언급하였다. 결국 사역자는 교회가 행하는 선거를 통해 부름을 받고 합법적으로 선택 받도록 해야 한다. 그들은 교회 혹은 교회의 대표들이 이 목적에 합당하게 소란이나 분쟁, 혹은 대적하는 것 없이 적법한 질서에 따라 조심스럽게 선출해야 한다.[13]

이 글에서 우리가 사역자의 선거와 안수에 관한 내용을 더욱 상세하게 다루는 것은 너무 멀리 나가는 것이다. 다만, 취리히 교회에서 한 명의 사역자를 부르고 안수하는 초기의 관습은 다음과 같이 이루어졌음을 밝히는 정도로 충분할 것이다. 이 사역을 담당할 심사위원회(Examinatorenkonvent)가 있었는데 두 명의 목회자, 두 명의 시의회 의원 그리고 성경을 많이 읽은 두 명의 신자로 구성되었다. 그들은 어느 교회의 목사 직분이 공석이 되었을 때 후보자를 천거하거나 아니면 청빙을 받기 위해 스스로 지원한 후보자를 심사했다. 특별히 후보자의 삶과 교리를 자세히 점검했다. 최종적으로 이 위원회의 추

---

13 CHP, Chap. 18, 318, 30-34. See also CHP, Chap. 1, 273, 28-274,1; CHP, Chap. 14, 302,27-30.

천을 받아서 취리히 의회가 사역자를 뽑았다. 다음 단계로 취리히 교회의 대표 목사(혹은 원로급 목사)가 회중 앞에서 그 사람에게 손을 얹어 안수했다. 취리히 정부 관료는 목사 안수를 받은 사역자를 사람들 앞에서 공적으로 추대했다. 끝으로, 이 사역자는 취리히 총회에서 다음의 내용을 선서해야만 했다. "본인은 복음과 하나님의 말씀을 신구약 성경에 근거하여 신실하게 설교하고, 가르치고, 정부에 복종하며 목회 사역에 맡겨진 비밀을 잘 지키겠습니다."[14]

불링거는 심사위원회의 의장으로서 44년을 섬기며 사역자의 선거와 안수에 대한 이론과 실천을 만들어냈다. 그의 언급에 큰 비중이 실린 이유는 무엇일까? 단순히 목회 사역의 위엄이 이론적으로 그의 고차원적인 생각에 근거하고 있다는 것에만 그치지 않는다. 오히려 취리히에서 불링거의 생각이 영향력 있게 행해지는 실천사항을 반영하고 있었기 때문이다:

"아무나 사역자로 선출해서는 안 된다. 헌신적, 충분한 학식, 경건한 언변 그리고 겸손한 지혜를 갖추어야 한다. 절제된 삶과 정직성으로 명예로운 평판을 받아야 한다. 이렇게 구별된 유능한 사람을 디모데전서 3장과 디도서 1장에 기술된 사도적 기준에 따라서 선출해야 한다. 선출된 사람은 장로들이 공중 앞에서 기도하고 머리에 안수함으로써 세워야 한다."[15]

---

14    Burnett and Campi (eds), A Companion to the Swiss Reformation, 98.

15    CHP, Chap. 18, 318, 34-319, 3.

이 내용에서 한 가지 이슈가 우리의 주목을 끈다. 즉 외적인 소명과 미래의 목회 사역자의 의식 속에서 발생하는 내적인 소명 사이의 관계이다. 불링거의 생각에 따르면, 외적 혹은 공적인 소명은 교회의 행위이며, 안수식에 의해서 합법적으로 인정된다. 그리고 이 안수식에서 교회공동체는 안수 받는 사람 안에 식별된 성령의 은사를 공적으로 선언한다. 물론 이 외적인 소명은 오직 내적인 소명이 선행되었을 때에라야 합법적인 것이 된다.

불링거의 다양한 저술들 가운데 흩어져 있는 여러 문장 속에서 우리는 한 소명 받은 사역자가 성령의 사역으로부터 기원하여 선한 목자라고 하면 반드시 드러내야 할 다양한 자세가 있다는 것을 발견할 수 있다. 그러나 불링거는 《스위스 제2 신앙고백서》에서 목회 사역과 관련하여 오직 두 가지 필수적 사항만 제시했다. 특징적으로 "성경에 대한 충분한 지식"과 "생활의 경건"이다. 실제로 불링거의 신학적 사고에서 이 두 가지 목표는 매우 긴밀하게 연결되어 있기 때문에 서로를 분리하여 이해하는 것은 불가능하다. 만약 어떤 사역자에게 순수한 교리를 설교하는 근면함에 "거룩한 삶"이 덧붙여지지 않는다면, 그의 모든 노력은 전혀 의미가 없게 될 것이다.

지금까지 우리는 목회 사역의 기원과 목회자를 선출하고 안수하는 것 등에 관하여 논의했다. 그렇다면 우리는 이제부터 불링거가 《스위스 제2 신앙고백서》에서 밝힌 "목사들이 감당해야 할 직무가 무엇인가?"에 대해 살펴볼 필요가 있다. 너무도 당연하게 목사들의 가장 중요한 직무는 "그리스도의 복음을 가르치는 것"과 "성례를 합법적으로 집례하는 것"이다. 물론 불링거가 목사의 직무에 관하여 말하는 것은 이 두 가지 사안이 전부가 아니다. 불링거는 매우 길면서도 유명한 목사의 직무에 대한 목록을 첨부하였다. 이 내용은 개혁파 목회신학 혹은 (좀 더 나은 표현으로) 기독교 목회신학을 명료하면서도 보편적으로 정리하고 있는데, 의심의 여지 없이 고전적이면서도 매우 탁월하게 목사의 직무를 제시하였다.

"**18항** 사역자들의 직무는 다양하다. 그러나 크게 두 가지 사안에 집중되어 있다. 즉 그리스도의 복음을 가르치는 일과 성례를 적절하게 집행하는 일이다. 사역자의 직무는 하나님의 말씀을 가르치는 것, 예배 때 회중을 모이게 하는 것 그리고 성경의 교리를 교회를 돌보며 유익하게 적용하는 것이기 때문이다. 또한, 사역자는 무지한 사람들을 가르치고 위로하며, 게으른 사람들과 주저하는 사람들이 주님의 가르침을 계속해서 따르도록 강권해야 하기 때문이다. 이뿐만 아니라, 사역자는 용기가 없는 사람들을 위로하고 권면하고, 사탄의 다양한 유혹에 대항하도록 사람들로 무장하게 하며, 죄를 범하는 사람들을 질책해야 한다. 길을 잘못 가는 사람들을 돌이키도록 부르고, 넘어진 사람들을 일으키며, 소극적인 사람들에게 주님의 양 떼로부터 늑대를 쫓아야 한다는 확신을 줘야 한다. 사악함과 악한 사람들을 지혜롭고 엄중하게 질책하고, 죄악에 호감을 표시하거나 혹은 무관심하지 않도록 해야 한다. 그밖에도 사역자는 성례를 집행하고, 올바르게 사용하도록 격려하며, 모든 사람이 건전한 교리를 알아 성례를 받도록 해야 한다. 신자들이 거룩하게 하나됨을 유지하면서 분열의 조짐이 있는지 점검하고, 배우지 못한 사람들을 학습하도록 하며, 가난한 사람들의 어려움을 교회에 알려야 한다. 병자들과 여러 가지 시험을 당한 사람들을 심방하고, 가르치며, 살아갈 수 있도록 도움을 주어야 한다. 끝으로, 사역자는 어려운 시기에 공동체적인 금식을 실천하고, 거룩한 금욕을 동반하는 공적인 기도 모임에 참여하며, 교회의 안정과 화평과 복지를 위해 부지런히 살펴야 한다.

**19항** 그러나 사역자가 이 모든 직무를 더 잘할 뿐만 아니라 더 쉽게 감당하기 위해 특별히 행해야 할 경건은 다음과 같다. 하나님을 두려워하며, 쉬지 않고 기도하며, 영적인 독서회에 참석하며, 모든 일에 항상 주의를 기울이며, 성결한 생활로서 모든 사람 앞에 빛이 되도록 하는 것이다."[16]

이렇게 볼 때, 불링거가 교회의 사역자에게 요구하는 직무는 결코 가볍지 않다. 사역자에게 하루 종일 일할 것을 요구한 것이다. 불링거도 이 사실을 잘 알고 있었다. 하지만 목회 사역에 대한 불링거의 이해가 가지는 장점과 지혜를 평가하기 위해 우리는 또 다른 측면을 반드시 고려해야 한다. 목회 사역은 한 사람이 무엇을 행하는가의 문제에 국한되지 않는다. 오히려 사역자의 거룩한 삶이 신자들에게 진심으로 감화를 준다는 것을 주목해야 한다. 불링거는 그 자신이 매우

---

[16] CHP, Chap. 18, 322, 1-22.

날카롭게 비판했던 수도원주의의 내적 경건으로 회귀하는 것보다는, 일반적으로 거룩한 세속의 실천을 강조했다. 사역자가 삶으로 그리스도의 형상을 드러내는 것이다. 이를 통해 사역자는 하나님의 모든 백성에게 사랑, 돌봄, 긍휼을 실천할 뿐만 아니라 교회와 사회 안에서 그들이 공의와 평화를 추구하는 삶을 살도록 독려하기 위함이다.

흥미롭게도 불링거의 목회 사역에 대해 우리가 고려해야 할 또 다른 요소가 있는데, 즉 불링거가 목회 사역에서 치리의 중요성을 새롭게 강조했다는 사실이다. 취리히 종교개혁과 관련하여 널리 알려진 사실은 제네바 종교개혁과 대조적으로 취리히 교회는 교회의 고유한 권한으로서 권징을 발전시키는 것을 꺼려하고, 오히려 권징을 전체적으로 혹은 권징의 많은 부분을 세속 정부에게 맡겼다는 점이다. 하지만 불링거가 서명한 성만찬에 관한 《취리히 합의서》와 더불어 《스위스 제2 신앙고백서》의 18항은 이 문제에 관하여 새로운 입장을 검토할 의향이 있음을 확인해 주고 있다. 불링거의 폭넓은 지성으로부터 과연 어떠한 결과가 도출될 수 있는지 보여주는 탁월한 사례라고 할 수 있다.

"**20항** 권징은 교회에서 절대로 필요하며, 출교도 초기 교부 시대에 시행된 적이 있다. 하나님의 백성 사이에 교회 재판도 있었는데 권징이 지혜롭고 경건한 사람들에 의하여 시행되었으므로, 사역자는 권징을 시대와 공적인 상황과 필요에 따라서 교회를 위하여 조정해야만 했다. 모든 시대와 장소를 망라하여 사람들이 규칙을 지켜서 모든 것이 교회를 위하여 압력이나 분쟁이 없이, 근엄하고 명예롭게 시행되도록 해야 했다. 사도 바울은 주님께서 교회의 권위를 파괴하기 위해서가 아니고 세우기 위하여 주신 것이라고 증언했다(고후 10:8). 주님께서는 그분의 밭에서 잡초를 뽑지 않도록 친히 금하셨으니, 잡초와 함께 밀 이삭이 뽑힐 위험이 있기 때문이라고 하셨다(마 13:29)."[17]

불링거가 목회 사역에 관하여 언급한 내용은 이와 더불어 또 다른 특징을 언급하지 않으면 불완전한 것이 된다. 불링거에게 목회 사역은 지위의 차별화에서 나오는 권력(potestas)의 문제가 아니었고, 지배(dominium)의 문제도 아니었다. 이 논쟁적 주제에 대한 불링거의 진술은 로마 가톨릭교회의 교황주의를 반대하여 날카로운 논쟁적 어조로 특징지어지고 있다. 우리는 이 내용을 놓쳐서는 안 된다.

"**13항** [사역자의] 권세에 관하여 어떤 사람들은 지상에 있는 모든 것, 심지어 가장 큰 것까지도 그 권세 아래 있다고 열심히 주장하면서, 오히려 주님의 명령과 정반대로 행하고 있다. 주님은 제자들에게 남을 지배하는 것을 금하고 극히 겸손할 것을 명령하셨다(눅 22:26; 마 18:3). 그리고 순수하고 절대적인 다른 권세를 강조하셨는데, 즉 의의 권세이다. 이 권세에 따르면 세계의 모든 것이 만유의 주님이신 그리스도께 복종하게 되어 있다."[18]

---

17   CHP, Chap. 18, 322, 22-32.
18   CHP, Chap. 18, 320,12-17.

주님의 절대적 권세(potestas dominica Christi)는 그분 자신에게만 부여된 권세이다. 어느 누구에게도 이양되지 않는 권세이기도 하다. 불링거는 다른 종류의 권세, 즉 사역적 권세(potestas ministerialis)가 있다는 것도 주장했다. 이 권세에 의해서 교회는 그리스도께서 친히 수여하신 질서에 따라 스스로 통치된다. 이 때문에 사역적 권세는 지배적이기보다는, 오히려 섬김의 기능에 가깝다. 이 권세는 사역에 대한 계급적 이해를 자동적으로 배제한다.

"**16항** 교회의 모든 사역자는 주님께서 주신 하나의 동등한 권세 혹은 기능을 받는다. 처음에는 감독들이나 장로들이 교회를 공동으로 다스렸던 것이 확실하다. 그때는 아무도 스스로 다른 사람 위에 군림하지도 않았고, 아무도 동료 감독들을 더 큰 권세나 권위로 침해하지도 않았다. 그들은 "너희 중에 다스리는 자는 섬기는 자와 같을지니라"(눅 22:26)고 하신 주님의 말씀을 기억하여 자신들을 겸손히 낮추고 서로를 섬김으로써 교회를 다스리고 보존하는 일에 협력했다. 그러나 질서를 지키기 위해 사역자 중 어느 한 사람이 회의를 소집하여 의논해야 할 사항을 안건으로 제안하고, 나머지 사람들의 목소리나 의견을 수집한다. 간단히 말하면, 혼란이 일어나지 않도록 자기의 능력을 다하여 지침을 마련한다."[19]

---

19    CHP, Chap 18, 321, 11-20.

취리히 교회에서 개혁파 목사들의 조직은 정확히 다음과 같은 확신 위에 세워졌다. "기독교의 모든 사역자는 공통의 부르심에 근거하여 동등한 권위를 소유한다. 이 공통의 소명은 하나님의 말씀을 선포하고 성례를 집례하는 것이다."《취리히 설교자들과 총회 규범》은 1532년 10월에 불링거가 작성하였고, 그 후로 19세기 초까지 부분적으로 작동되었다. 이 규범은 개혁파 목회신학의 걸작품이라고 할 수 있다. 이 사실은 다음 사항을 볼 때 더욱 분명해진다.《취리히 설교자들과 총회 규범》은 사역자에게 열 지역을 담당하도록 맡겼는데, 모든 사역자는 스스로 동등한 동역자로 간주하였고, 그들 사이에 공통적 목회 사역이 조율되었다. 취리히 총회는 2차적인 목회 사역의 기관이었다. 이 총회에서 사역자들은 함께 공동체로 일할 수 있었다. 불링거의 지도 아래서 취리히 총회는 사역자들의 정규적 회합을 통해 교회의 일치를 이루며, 그 목적을 망각하지 않았다. 1528년 이래로 취리히 총회는 일 년에 두 차례 모였다. 도시와 농촌의 모든 설교자가 총회에 참석해야 했다. 취리히 의회의 여러 의원이 참석한 상태에서 개최되었다. 취리히 총회의 회기 때 논의된 주요 업무는 '검열'(censura)로 명칭되는 것으로 모든 목사의 직무와 행실을 심사하는 것이었다. 당연히, 이 검열에서 취리히 교회의 대표 목사(Antistes)도 제외되지 않았다. 불링거 시대의 총회 기록은 당시 법과 치리가 우리가 기대한 것과 다른 면이 있었음을 확인해 준다. 권징의 수단들은 공적 책망을 통해 형제적인 권면으로부터 [한 목사를] 다른 교회로 이직시키는 것에 이르기까지 다양한 형태가 있었다. 가장 큰 형벌은 개선의 여지가 전혀 보이지 않는 경우에 내려졌는데, 즉 목회 직무로부터 면직시키는 것이었다. 목사들은 교회생활과 관련된 모든 문제를 함께 토론할 수 있었다. 그리고 정부 관료들에게 경건한 조언과 교정을 제안할 수도 있었다. 취리히 총회는 시간의 흐름 속에서 국외의 개혁파 교회들이 신학적 조언, 목회 후보생 교육, 재정적이며 정치적인 도움 등을 요구하며 유럽 전역에 흩어져 있는 모든 개혁파 교회를 위한 지휘부와 같은 역할을 감당했다.

지금까지 우리가 소개한 교리들과 새롭게 규정된 규범과 제도는 새롭고 사회적인 한 직업 계층을 등장시켰는데, 즉 '개혁파 목사들'이다. 그들은 계급적인 사회질서 안에서 따로 구분된 특별한 그룹으로서 교황주의 성직자의 카스트 제도에 귀속되지 않았다. 개혁파 목사들은 당시 중간 계층, 즉 시민 계급과 동일시되었다. 취리히 의회는 사역자의 재정적인 상태를 통제할 권한을 요구했다. 그러한 실례로, 종교개혁가 울리히 쯔빙글리는 1526년 콘라드 펠리칸(Conrad Pelican)에게 보낸 서신에서 주택을 무상으로 공급받는 것과 함께 그의 사례비가 일 년에 대략 60-80굴덴(Gulden) 정도 되었다고 밝혔다.[20] 30년 후에 페터 마르티어 버미글리(Peter Martyr Vermigli)는 취리히 학교의 교수로서 약 100굴덴의 연봉과 함께 옥수수, 곡물, 포도주 등을 지급받았다.[21]

---

20  Huldreich Zwingli, Sämtliche Werke, vol 8 (Leipzig : Heinsius, 1914), 4.

21  Michael Baumann, Doctor, Lehrer der Heiligen Schrift und Zürcher, in Emidio Campi (ed.), Peter Martyr Vermigli. Humanism, Republicanism, Reformation (Geneva: Droz),213-224, here 216.

특별히 개혁파 목사들의 사회적 신분을 형성한 결정적인 요소들 가운데 가장 중요한 것은, 그들이 결혼할 수 있도록 허용되었을 뿐만 아니라 결혼할 것을 독려받았다는 사실이다. 취리히 교회 목사들의 가정생활은 기독교 신앙의 새로운 이해를 상징적으로 표현하는 것이었다. 그리스도에 대한 믿음은 인간 삶의 자연적이고 사회적인 조화 안에서 상호관계적인 사랑과 섬김으로 실천해야 한다고 믿었기 때문이다.

## 나오며

지금까지 하인리히 불링거가 이해한 목회 사역을 매우 핵심적으로 묘사하였다. 그가 제시한 목회 사역은 의심의 여지 없이 오늘날까지도 놀랄만한 내용으로 남아있다. 이 사안에 대해 잠깐 생각해 보는 것은 의미 있다. 불링거에게 목회 사역은 거룩한 소명이었다. 하나님이 어떤 사람을 교회의 사역자로 선택하여 부르시지 않은 한 어느 누구도 이 직무에 들어올 수 없다고 믿었기 때문이다. 한 사역자를 선택하시는 분은 오직 하나님이시며, 교회는 단순히 하나님께서 섬기라고 부르신 그 사람을 알아보고 인정할 뿐이다. 삶의 혼돈으로 방향 감각을 상실한 오늘의 시대 속에서 하나님의 말씀과 구원의 진리를 증거 하는 전령자가 되어, 하나님의 목소리를 세상 가운데 전달함으로써 인간 영혼에 참된 복과 진정한 신앙의 여정을 돕는 것은 참으로 엄숙한 책임에 해당한다. 물론 목회 사역에 대한 불링거의 입장이 우리의 현대 기술문명 사회에서 지나치게 비현실적인 것은 아닌지 숙고해 보는 것이 필요할 것이다. 더욱이 이 목회 사역이 한국 사회에서 얼마나 실현가능한 것인지를 판단하는 것은 순전히 한국 교회의 몫이 될 것이다.

필자는 평생 직업적 역사가로서 세월을 보낸 사람이다. 《스위스 제2 신앙고백서》와 같은 종교개혁의 고전적인 문헌들을 읽으면서 배운 소감을 짧게 표현하려고 한다. 만일 우리 자신의 의문과 선입관으로 너무도 성급하게 역사 속으로 뛰어든다면, 우리는 과거가 단지 우리 자신의 생각을 반향하는 공명판의 역할을 하도록 만들 뿐이다. 그래서 세대 간의 대화를 시도하는 것 대신에 우리는 오직 한편의 독백만을 얻게 될 것이다. 하지만 우리가 현재와 과거를 정당하게 분별할 수 있다면, 과거와 우리 시대 사이에 진정한 대화를 할 수 있는 기회를 얻게 될 것이다. 오늘날 우리 시대의 삶 속에는 오직 우리의 정황에만 고유하게 해당하는 사안들이 많이 있다. 우리의 의미 있는 삶을 위해 우리 스스로 문제를 제기하고, 우리 스스로 해답을 찾아야 한다. 당연히, 이 사안들은 다른 시대의 목소리와 별다른 연관성이 없다. 그러나 또 다른 사안들도 존재한다. 이 사안들은 가장 심오한 것으로 오랜 역사 속에서 모든 인류의 경험이나 체험과 관련되어 있기 때문이다. 이 사안들에 관심을 가지는 것은 일종의 끊임없이 지속되는 대화에 우리 자신 스스로 참여하는 것이다. 그러나 이 대화는 우리가 처음 시작한 것이 아니다. 오히려 우리 앞서 이미 시도된 것이다. 당연히, 우리 후에도 계속 지속될 것이다. 특별히 이 대화에 500년 전에 살았던 불링거가 우리의 예상을 뛰어넘는 신선한 방식으로 다가올 수 있다. 그의 목회 사역은 오늘날 우리가 교회를 섬기는 데에도 주목할 가치가 있음을 너무도 분명히 확인해 주고 있기 때문이다.

# Die gantze Bibel

der ursprünglichē Ebraischen
vnd Griechischen waarheyt
nach/auffs aller treüwli-
chest verteütschet.

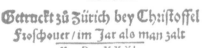

Getruckt zů Zürich bey Christoffel
Froschouer/im Jar alo man zalt
M. D. XXXI.

# 3

# 하인리히 불링거의
# '교회론'

에미디오 캄피 | 번역 박상봉

Heinrich Bullingers Lehre von der Kirche

# 들어가며

불링거의 교회론과 관련하여 이미 잘 알려진 사실이 있다. 그의 교회
론은 다양한 시각으로 서로 논쟁적인 성격을 가지면서도, 한 가지 자
세한 종합적인 이해로 정리되지 않았다는 점이다.[1] 불링거의 교회론

---

* 축약인용: HBBibl: Beschreibendes Verzeichnis der gedruckten Werke von Heinrich
Bullinger, hg. v. Joachim Staedtke, Zürich 1972 (Heinrich Bullinger Werke I/1);
HBBW: Heinrich Bullinger Werke. Zweite Abteilung: Briefwechsel, Zürich 1973-;
HBTS: Heinrich Bullinger Werke. Dritte Abteilung: Theologische Schriften,
Zürich 1983ff. -; Schriften: Heinrich Bullinger Schriften, 7 Bde., hg. v. Emidio
Campi et al., Zürich 2004-2006; CHP: Confessio Helvetica Posterior, in: Reform-
ierte Bekenntnisschriften, hg. v. Andreas Mühling et al., Bd. 2/2: 1562-1568, Neu-
kirchen-Vluyn 2009, 243-345; ZHB: Heinrich Bullinger: Das Zweite Helvetische
Bekenntnis, hg. v. Walter Hildebrandt, u. Rudolf Zimmermann, Zürich 1936, 6.
Aufl. 2017.

1   Zur Forschungslage vgl. Heinold Fast, Heinrich Bullinger und die Täufer, Weier-
hof, Pfalz 1959 Simon van der Linde, Die Lehre von der Kirche in der Confessio
Helvetica Posterior, in: Joachim Staedtke (Hg.), Glauben und Bekennen: 400 Jahre
Confessio Helvetica Posterior. Beiträge zu ihrer Geschichte und Theologie, Zürich
1966, 337-367; Ernst Koch, Die Theologie der Confessio Helvetica Posterior, Neu-
kirchen 1968, 216-246; J. Wayne Baker, Heinrich Bullinger and the Covenant,
Athens, OH 1980; Fritz Büsser, Der „Oekumenische Patriarch" der Reformation.
Bausteine zu Bullingers Lehre von der Kirche, in: Ordentlich und fruchtbar. FS für
Willem van't Spijker, in Willhelm H. Neuser, Hermann J. Selderhuis (Hg.), Leiden
1997, 69-78; Fritz Büsser,»Die Stadt auf dem Berg«: Bullingers reformatorisches

에 관한 연구 상황은, 한편으로 그가 이 주제의 영역과 관련하여 특별한 저술을 쓰지 않았다는 것과 어느 정도 연관이 있다. 다른 한편으로 그의 많은 저술이 눈에 띌 정도로 강력하게 교회론적인 관심을 표명했다는 것도 기억해야 한다.[2] 불링거의 교회론에 대한 이해는 1549-1551년에 쓴《50편 설교집》과 1566년에 출판된《스위스 제2 신앙고백서》에서 매우 분명하고 체계적으로 확인할 수 있다.《50편 설교집》5권에 기록된 10편의 교회론 설교들이 독점적으로 교회론과 관련된 주제를 다루며,《스위스 제2 신앙고백서》의 17장 '교회'와 18장 '교회의 직분'이 교회론에 대한 풍성한 이해를 제시한다.[3]

---

Vermächtnis an der Wende zum 21. Jahrhundert, in: Zwingliana 25 (1998), 21–42; Peter Opitz, Heinrich Bullinger als Theologe. Eine Studie zu den »Dekaden«, Zürich 2004, 417–461; Edward A. Dowey, Heinrich Bullinger as Theologian: Thematic, Comprehensive, and Systematic, in: Bruce Gordon, Emidio Campi (Hg.), Architect of Reformation, Grand Rapids, MI 2004; Herman J. Selderhuis, Kirche am Kreuz: Die Ekklesiologie Heinrich Bullingers, in: Emidio Campi, Peter Opitz (Hg.), Heinrich Bullinger: Life – Thought – Influence, Bd. 2, Zürich 2007, 515–536; W. Peter Stephens, The Understanding of the Church in Heinrich Bullinger's Theology, in: Zwingliana 41 (2014), 57–84.

2  그 실례들로 다음의 글들을 확인할 수 있다: De Testamento (1534); Der Alte Glaube (1537); De Scripturae sanctae authoritate⋯deque Episcoporum institutione (1538); Brevis Antibolē sive responsio secunda Heinrychi Bullingeri ad maledicam implicatamque Joannis Cochlei de Scripturae et ecclesiae autoritate Replicam (1544); In Apocalypsim conciones centum (1557); De conciliis (1560); Von den schweren Verfolgungen (1573).

3  불링거의《50편 설교집》제5권에서 다음과 같은 주제들이 다루어졌다: «De sancta catholica Ecclesia», «De Ministerio et ministris», «De modo et ratione orandi», «De sacramentis», «De sancto Christi Baptismo», «De sacra domini Coena», «De quibusdam ecclesiae Dei Institutis». Ich stütze mich auf die kritische Edition der Dekaden (HBTS 3: Sermonum Decades quinque, bearb. v. Peter Opitz, Zürich 2008) und die deutsche Übersetzung (Schriften, 5). Die CHP handelt folgende Themen: «De

이 글에서 밝히 내용은 불링거의 《50편 설교집》과 《스위스 제2 신앙고백서》에서 언급된 교회론과 직접적으로 연결되어 있다. 여기에서 제시될 불링거의 교회론은 이 두 가지 문서에 근거하여 다루어질 것이다. 특별히, 불링거의 《50편 설교집》에서 확인할 교회론은 이 설교집의 41편 설교로서 보편 교회에 관한 주제이다. 이 설교는 불링거의 교회론에 대한 실제적인 입장을 깊이 이해할 수 있는 방향성을 제시한다. 이 41편 설교의 제목은 다음과 같다. 〈거룩한 보편 교회란 무엇인가? 교회는 얼마나 넓게 분포되어 있으며, 어떤 표지로 인식할 수 있는가? 교회는 어디서부터 유래되었으며, 어떻게 보존되는가? 교회도 잘못할 수 있는가? 교회의 권세 그리고 교회의 의무는 무엇인가?〉이다.[4]

## 1. 교회 명칭의 다양성

불링거는 교회에 대한 묘사를 위해 신약 성경에서 확인된 단어인 '에

---

catholica et sancta Dei ecclesia », «De ministris ecclesiae», De sacramentis», «De sancto Baptismo», «De sacra Coena Domini» sowie Aspekte des Gemeindelebens und Grundsätze der Kirchenordnung. Ich stütze mich auf die kritische Edition der CHP in Reformierte Bekenntnisschriften und die deutsche Übersetzung in ZHB.

4    Dek 5.1, Schriften 5, 26; HBTS 3, 740, 3-5.

클레시아'(Ecclesia)를 설명하고 교회의 개념을 확장하여 다양한 이해를 제시했다. 하지만 교회의 개념에 대한 모든 구별은 초대교회에서 거의 관심 밖의 일이었다. 이 교회의 개념에 대한 구별은 근본적으로 교회 역사의 지속적인 흐름 속에서 나온 질문에 근거하여 생겨난 것이다. 그러나 교회의 포괄적인 실재를 분명한 기준으로 정리해야 했던 종교개혁자들에게 당혹감을 준 것도 사실이다.

## 1) '교회'(ecclesia)의 개념과 불링거의 교회에 대한 고유한 정의

불링거는 교회를 다음과 같은 개념으로 설명했다. "에클레시아(Ecclesia)는 헬라어 단어지만, 이 단어는 라틴어를 사용하는 사람들도 받아들였다. 이 '교회'라는 단어의 의미는 '모임', '공동체' 혹은 '회합'으로서 독일어로 '시민의 모임'(Gemeinde)이다. 즉 어느 지역공동체의 관심사를 경청하기 위해 모인 시민의 모임을 말한다."[5] 그래서 불링거는 곧바로 영적인 영역에서 근원적으로 받아들인 한 세속적인 의미를 설명했다. "이 '교회'라는 단어는 영적인 필요로 사용되었다. 주님의 이름을 부르는 사람들의 모임과 공동체가 '교회'로 불린 것이다."[6]

    그러므로 '교회'의 의미는 신자들의 모임에 그 중요성이 있다. 무

---

5    Ebd., Schriften 5, 26; HBTS, 740, 16-19.

6    Ebd., Schriften 5, 27; HBTS, 741, 5-8.

엇보다도 감독과 다른 직분자들의 계급이 아니라, 신자들의 '만인 제사장'이 교회의 기초이다. 물론 이 모임은 단순히 신자들의 공동체적인 상호관계성만 고려한 것은 아니다. 한편으로 이미 천상에서 신적인 구원에 참여하는 개별 신자들의 공동체이며, 다른 한편으로 지금이 땅에서 복음의 선포와 성례의 참여를 통하여 그리스도와 연합하는 공동체이다. 신자들의 공동체와 그리스도와의 연합은 상호 분리할 수 없이 연결된다. 거룩한 공동체에 참여하는 것은 피상적인 제약을 통하여 종교적인 영역에서 세상을 극복할 수 있는 무엇을 얻는 것이 아니다. 불링거는 모든 종교개혁자들처럼 재세례파와 영적 광신자들이 말하는 교회를 매우 강하게 거절했다. 그들은 이 세상에서 진심으로 회개하여 거듭난 그리스도인들의 흠 없는 교회를 지향했기 때문이다. 이와 반대로 불링거는 아우구스티누스를 인용하면서 교회의 완전성은 종말론적 소망의 대상이라고 생각했다. 교회는 항상 이땅에 세워진 목적의 완전한 실현을 지향하면서도, 신자들과 불신자들이 함께 모여 있으므로 교회는 표면적으로 혼합된 한 몸과 같다. 이 때문에 불링거는 급진주의자들과 대립한 논쟁에서 항상 반복하기를 밀과 함께 섞여 있는 가라지(마 13:24-30)와 그물(마 13:47-50)의 비유를 제시했다.[7]

---

7   CHP, 315, 9-13 // ZHB, Kap. 17, 84-85; HBTS 3, 745, 35–746, 17, 747, 5–12, 747, 36–748, 5.

## 2) 《니케아 - 콘스탄티노플 신조》(381)에 나타난 교회의 속성

모든 종교개혁자들과 불링거가 중요한 지위를 부여한 《니케아-콘스탄티노플 신조》에 근거하여 교회의 네 가지 속성을 제시한다. 즉 일치성 · 거룩성 · 보편성 · 사도성이다. 교회에 대한 이런 핵심적인 표현은 교회를 위해 유용한 표현이지만, 엄밀하게 보면 완벽한 표현이라 할 수 없다. 교회의 영적인 존재성에 근거하여 불링거의 인식을 존중한다면, 당연히 교회가 어떤 속성을 가지고 있는지 알 수 있을 것이다.

### 일치성(Einheit)

주목할 만한 점은, 삼위일체적인 배경에서 이해된 교회의 일치(una Ecclesia, 하나의 교회)에 관한 입장이다. 불링거는 자신의 『기독교 신앙요해』에서 교회를 이렇게 규정했다. "교회는 실제적으로 온 세계에 흩어져 있지만, 그럼에도 교회는 "유일한 성부, 우리의 유일한 구원자이신 성자 그리고 성령의 거룩하심 아래 오직 한 교회가 있다."[8] 이 표현은 분명하게 교회의 신실한 영적인 일치를 제시한 것이다. 교회는 성부, 성자, 성령의 위격 안에 있는 삼위일체 하나님의 실체적인 통일성 위에 기초하기 때문이다. 이러한 삼위일체의 기초는 모든 기

---

8    Heinrich Bullinger, Summa christenlicher Religion, Zürich 1558, 100r, Z. 14-21.

독교적인 교회를 서로 연합시키며, 교회의 가시적인 형태로서의 수많은 개별적인 교회들에게 일치의 필요성을 요구한다. 앞서 언급한 《스위스 제2 신앙고백서》의 17장은 매우 분명하게 교회의 일치를 아래와 같이 밝힌다.

"그리고 항상 존재하시는 하나님은 한 분이시다. 메시아이신 예수, 온 땅의 목자, 교회의 몸의 머리이신 하나님과 사람 사이에 중보자도 하나이시다. 한 성령, 한 거룩, 한 믿음 그리고 언약도 하나이다. 이러한 사실로부터 오직 하나의 교회만 존재하는 것으로 귀결된다."[9]

이러한 일치성은 교회 관습의 동일성에서 드러나는 것이 아니라, 이 신앙고백서의 서문이 분명하게 밝힌 것처럼 교리(가르침)와 믿음에 더욱 근거한다. "다양한 교회 안에서 교리의 여러 가지 표현과 개별 교회들의 필요, 유익, 표명에 의하여 수용된 관습들, 예전들 안에 분명한 차이점이 발견됨에도 불구하고, 이러한 사실이 교회의 불화와 분리를 위한 정당한 근거로 고려되지 않았다는 것을 유념해야 한다. 그리스도의 교회는 이러한 다양성을 항상 자유롭게 인정했기 때문이다. 이러한 입장은 교회의 역사를 통해 확인할 수 있다. 초대교회는 믿음의 중심적인 교리, 바른 신앙의 의미 그리고 형제의 사랑

---

9    CHP, 318, 25-29 // ZHB, Kap. 17, 78.

안에 모든 방면에서 완벽하게 일치하였다."[10]

## 거룩성(Heiligung)

교회의 거룩한 속성은 전적으로 신약 성경의 이해 속에 사용된 것이다. 즉 믿음에 도달한 "성도들의 지체들과 하나님의 권속들"(엡 2:19)이 되는 사람들을 의미한다. 거룩은 복음의 약속을 통하여 신자들에게 선언된 것으로서, 신자들은 이 땅에서 거룩하면서도, 동시에 죄를 짓는 상태로 머물러 있으면서 종말론적 완성을 기다린다.[11] 불링거는 이렇게 정확히 표현하면서 교황주의적인 교회론과 구원론뿐만 아니라 재세례파적인 교회론과 구원론도 함께 경계했다.

## 보편성(Katholizität)

세 가지 근본적인 생각이 불링거의 보편성의 이해에서 발견된다. 먼저 보편성의 속성은 교회의 표지로서 이해되지 않았는데, 결과적으로 교황의 머리 아래서 하나가 되는 로마 가톨릭교회와 같은 개별적 교회에도 유효하지 않다. 다음으로 불링거는 재세례파들과 신령주의자들과 구별하려는 의도를 가지고 한 논쟁에서 보편성의 우주적인

---

10    CHP, 269, 18-25 // ZHB, Vorrede, 11-12.

11    Dek.1.9, HBTS 3, 102, 3–33; Schriften 5, 187-188; Dek. 5.1, HBTS 3,742, 34-743,8;
       Schriften 5, 30-31.

차원을 특별히 부각하였다.[12] 끝으로 매우 중요한 근본적인 사고로서 불링거의 선택론에 기반을 둔 구속사적인 이해와 관련이 있다. 즉 교회의 보편성의 기초는 하나님의 감추어진 영원한 선택이라는 불링거의 입장에 근거한다. 불링거는 보편 교회를 택자들의 모임으로 이해했다. 그들이 어떤 나라에 살든, 어떤 민족으로 흩어져 있든, 택자들의 모임으로서 한 보편 교회를 이룬다는 것이다. 그들은 주님의 통치 아래서 살고 거룩함에 부분적으로 참여하는 한 나라의 백성이 된다.

"하나님은 태초부터 모든 사람이 구원을 받아 진리를 아는 데에 이르기를 원하셨기 때문에 교회는 늘 존재해야 하고, 지금도 존재해야 하며, 세상이 끝나는 날까지 존재해야 한다. 즉 교회는 세상으로부터 부름 받은 신자들의 모임으로서 성도의 공동체이다. 그들은 그리스도 안에서 말씀과 성령을 통하여 참된 하나님을 진정으로 알고, 바르게 예배하며, 믿음 안에서 그리스도를 통하여 값없이 제공되는 모든 은택에 참여하는 사람들이다. 이 모든 사람은 동일한 주님 아래서 살고, 동일한 법아래서 살며, 동일한 모든 은택에 참여하는 한 나라의 백성이다."[13]

한 교회가 교리, 규범, 사랑 그리고 인내로 그리스도를 분명하게

---

12  Fast, Bullinger und die Täufer, 144ff.; Urs B. Leu / Christian Scheidegger (Hgg.): Die Zürcher Täufer 1527-1700, Zürich 2007, 82-98.

13  CHP, 310, 12-20 // ZHB, Kap. 17, 77-78.

고백하면 할수록, 더욱 결정적으로 교회는 "하나님의 보편적이고 거룩한 교회"로 연합을 이룬다.[14] 이와 함께 교회는 주님과 그분의 교회에 속한 사람에 관하여 결정하는 것을 전적으로 주님께 맡긴다. 노아의 방주가 대홍수 가운데 유일한 방주였던 것처럼, 그리스도 안에만 유일한 구원이 있다.

"우리는 참된 교회와 연합된 공동체를 매우 높이 평가한다. 하나님의 참된 교회와 연합하지 않고 교회로부터 분리된 사람은 누구도 하나님 앞에 설 수 없다는 것을 주장한다. 대홍수로 인류가 심판받았을 때, 노아의 방주 밖에서 구원을 얻지 못한 것처럼, 우리는 교회 안의 택자들에게 만족을 제공하신 예수 밖에는 결코 구원이 없다는 것을 믿기 때문이다. 우리는 구원받기 원하는 사람은 누구든지 참된 교회로부터 분리되어서는 안 된다고 가르친다."[15]

### 사도성(Apostolizität)

불링거의 이해에 근거한 교회의 속성으로서 '사도성'은, 사도적 감독의 승계를 규정한 교회의 직분을 의미하지 않는다. '사도적 교회'라는 표현은 불링거가 '선포하는 유일한 규범으로서 하나님의 계시'가 기독교 정경에서 통합적으로 표명된 것을 인정하는 교회를 말한다. 교

---

14   CHP, 310, 24-31 // ZHB, Kap. 17, 78.
15   CHP, 314, 26-31 // ZHB, Kap. 17, 84.

회의 사도성을 위해 교회가 성경의 내용을 받아들였거나, 교회의 고유한 선포로 의무적인 규범을 위해 사도성을 만들어냈다는 주장은 옳지 않다. 한 교회가 사도들의 교회에 가입되었을 때, 그 교회는 '사도적 교회'가 된다. 사도들의 도덕적 행동과 초대교회의 생활양식보다도 바른 말씀을 '가르치는 직무'에 '사도적 교회'로서 더 큰 의미가 있기 때문이다. [16]

## 3) 교회의 선택된 중세적인 표지

불링거는 '승리한 교회'와 '전투하는 교회'에 대한 개념에서 초대교회의 교부인 아우구스티누스로 거슬러 올라가는 동시에 중세시대 교회의 자기 이해에 크게 영향을 준 신학적 형식도 고수했다. [17] 언어적인 특징을 통해 이 사상도 교회가 신자들의 공동체라는 사실을 다시금 확인해 준다. 이 공동체는 어디에 도달해야 하거나, 어디를 가야 하는 모임으로서 아직 완성된 자리에 도달하지 못했을 뿐만 아니라, 여전히 완성을 향해 가는 여정 중에 있다는 것이다. 이러한 여정은 고

---

16  In der Vorrede der CHP /ZHB betont Bullinger ausdrücklich diese vollkommene Übereinstimmung «mit der alten apostolischen Kirche». Vgl auch Dek 5, Pr. 1, Schriften 52-56; HBTS 3, 755, 15- 757, 32.

17  Scott H. Hendrix, Ecclesia in via. Ecclesiological Developments in the Medieval Psalms Exegesis and the "Dictata super Psalterium"(1513-1515) of Martin Luther, Leiden 1974, hier 75-95.

통스러운 것으로, 내적이면서 외적인 전투의 길이다. 불링거가 말하는 '승리한 교회'는 하늘에 있는 모든 성도의 공동체를 의미한다. 이 성도들은 하나님을 바라보며 기뻐하는 복락을 누린다. 그리고 '전투하는 교회'는 "이 땅에서 사는 신자들의 공동체이다. 그들은 그리스도의 이름과 믿음을 고백하며 ... 사단, 죄, 육신의 정욕 그리고 세상에 대항하여 주님이신 그리스도의 깃발 아래 싸우는 사람들이다."[18]

이렇게 이 땅에서 전투하는 교회는 자신의 내부에 다시금 두 가지 특성을 가진다. 즉 "비가시적인 측면"과 "가시적인 측면"이다. 먼저, "비가시적인 측면"은 교회가 플라톤식의 이상 국가를 의미하지 않는다. 플라톤식의 이상 국가는 사람의 눈에 보이지 않고, 고유한 운명과 능력의 영적인 실체성을 말하기 때문이다. 결론적으로, 비가시적인 교회는 "오직 하나님만 아시고 오직 하나님께만 속한 그리스도의 선택된 신부"를 의미한다.[19] 다음으로, 가시적인 교회는 비가시적인 교회가 경험하는 실재성이다. 즉 가시적인 교회는 성도들 안에 신성모독자들과 악인들도 이 교회의 회원으로 여겨질 수 있다는 면에서 인간의 눈에 보인다. 물론 교회의 비가시적이거나 가시적인 측면은 서로 분리할 수 없을 정도로 깊이 연결되어 있다. 이 두 측면은 서로에게 조건적인 한계 속에 서로 연결되어 있다. 교회는 인간적인 오류로 인한 내적인 충돌이 제거될 수 없기 때문이다.

'가시적인 교회'의 개념은 비가시적인 교회인 보편 교회와 흩어져

---

18  Ebd., Dek 5, Pr. 1, Schriften 28-29; HBTS 3, 741-742.

19  Ebd., Dek 5, Pr. 1, Schriften 29-30; HBTS 3, 742-743.

있는 교회로서 지역 혹은 개별적인 교회 사이의 구별과 함께 특징지어진다. 가시적인 교회는 오직 분명하고 확실한 지역에 모여 있기 때문이다. 하지만 이 교회도 그리스도의 선택과 부름을 받아 이루어진다는 한 가지 조건이 만족되어야 한다. 이런 이유로 모든 지역적인 교회들이 일치를 이루는데, 이 일치가 비가시적인 교회와 연결되어 완전성을 얻는다.[20]

"교회가 언제 처음 세워졌을까?"를 생각하면 많은 점을 시사한다. 중세시대에는 기독교적인 교회 건축물이 "교회와 회당"의 외형적 형태를 따르는 것에 익숙했다. 이 두 가지 여성명사의 형태는 승리한 공동체로서의 '교회'와 굴욕당한 모임으로서의 '회당'을 의인화한 것이다. 이러한 이해는 전통적이고 신학적인 보속이론에 상응한 것으로서 다음과 같은 증언으로 요약된다.

"유대인들은 실제로 그리스도의 죽음에 관한 죄책을 짊어지고 있기에, 하나님으로부터 모든 세상에 흩어졌다. 인간과 맺어진 하나님의 언약은 이스라엘이 하나님의 약속을 파기했던 것을 통하여 기독교적인 교회 안으로 수용되었다. 이러한 전통적 이해에 근거하여 기독교인들은 하나님의 새로운 선택된 백성으로 간주된 것이다. 성령의 부으심으로 오순절에 세워진 교회가 결국 새로운 회당이고, 참된 새로운 이스라엘이며, 하나님이 새롭게 선택한 백성

---

20   Ebd., Dek 5, Pr. 1, Schriften 5, 33; HBTS 3, 743.

이다."[21]

불링거의 특징적인 점은 그가 회당과 기독교적인 교회를 믿음을 가진 사람들의 한 공동체의 두 형태로서 이해했다는 점이다. 이 믿음의 사람들은 이미 그리스도 이전에, 즉 그리스도의 성육신 이전에 신앙을 가졌던 사람들이다. 결과적으로 구약시대의 신자들과 관련된 옛 언약과 구약시대의 신자들과 관련된 새 언약 사이에서 회당과 교회는 일치(통일성)를 이루고 있다는 것이다. 교회의 시간은 총체적으로 구원의 역사를 포함하고 있기 때문이다. "이러한 교회는 율법이 있기 전, 족장시대 가운데 모세 시대의 율법 아래서 그리고 그리스도께서 오신 이후 복음을 통해 세워졌다. 일반적으로 두 백성인 옛 언약의 백성과 새 언약의 백성으로 구별되는데, 즉 이스라엘 백성과 이방 사람들을 말하며 좀 더 구체적으로 유대인들과 이방인들 중 부름을 받고 교회로 모인 사람들이다. 그러므로 옛 언약과 새 언약의 백성의 모임을 말한다. 이 모든 백성은 오직 한 유일한 공동체로 세워졌으며 또 세워진 것이다. 즉 모두는 한 머리 아래 한 몸의 지체로서 연합되어, 메시아 안에서 한 구원을 이루며, 한 메시아적인 음식과 한 영적인 음료에 참여한다."[22]

---

21  Hendrix, Ecclesia in via, 96-141.
22  ZHB, Kap. 17, 79. Vgl auch Dek 5.1, Schriften 5, 32; HBTS 3, 743

# 2. 종교개혁과 교회의 표지(Notae ecclesiae)

## 1) 교회론의 종교개혁적인 전환

실제로, 종교개혁자들은 교회의 고유한 특성과 표명으로서《니케아-콘스탄티노플 신조》의 네 가지 속성을 인정했다. 종교개혁적인 신학의 과제는 당시의 지나치게 까다롭고 혼란스러운 정의 가운데서 신학의 총체적인 입장을 관철하도록 나침반을 제시하는 것이었다. 종교개혁은 교회론의 전환을 필연적으로 가져올 수밖에 없었다. 즉 일반적으로 참된 교회를 인식하는 두 가지 표지나 지표 혹은 특징이 강조된 것이다.

1530년에 (멜란히톤이) 작성한《아우그스부르크 신앙고백서》는 복음적인 교회론의 대헌장이라고 할 수 있다. 이 신앙고백서는 교회를 모든 신자의 모임으로 특징짓고 모든 신자에게 복음이 순수하게 선포되어 거룩한 의식(성례)을 복음에 근거하여 올바르게 시행해야 한다고 밝힌다. 이러한 전통적 정의는 스위스 종교개혁자들에게 매우 강한 영향을 미쳤다. 1534년에 작성된《바젤 신앙고백서》, 1536-7년에 작성된《제네바 신앙교육서》,《스위스 제1 신앙고백서》와《스위스 제2 신앙고백서》그리고 이와 동시에 1552-3년에 작성된《라에티카 신앙고백서》는《아우그스부르크 신앙고백서》의 내용을 암묵적으로 동의하거나 명백하게 인용했다. 깔뱅 역시 단순하지만 특징 있게 규정함으로 이러한 입장을 지지했다.

"우리가 하나님의 말씀이 순수하게 선포되고 들려지며, 성례가 그
리스도께서 제정하신 방식대로 시행되고 있다는 것을 인식할 때,
우리는 우리가 서 있는 모든 곳에 하나님의 교회가 존재한다는 것
을 조금도 의심할 수 없다."[23]

이 두 가지 교회의 표지를 표명한 것과 조금 다르게 요한 외콜람
파디, 마르틴 부처, 레오 유드, 피터 마터 버미글리는 기독교적인 공
동체의 세 번째 표지로서 '교회 권징의 시행'을 가르쳤다.[24] '교회규범'
의 불굴의 입안자인 깔뱅이 말씀의 선포와 성례의 시행을 교회의 충
분한 표지로 이해한 것과 이 교회의 표지와 권징의 시행을 세심하게
구별했다는 사실은 흥미로운 풍자로 회고된다. 제네바 종교개혁자는
교회의 표지를 "그리스도의 거룩함을 이루는 가르침"으로 지칭했고,
권징을 "그리스도의 몸의 보존을 위한 한 수단"으로 간주했다.[25] 불링
거는 교회의 표지로 무엇을 받아들였을까? 그는 확실하게 부각되었
거나 인정된 것에 대한 확실한 원형을 제시했다.

---

23  Calvin, Institutio 4.1.9 (Übers. O. Weber).

24  Emidio Campi, John Calvin and Peter Martyr Vermigli. A reassessment of their
    relationship, in: Irene Dingel, Herman J. Selderhuis (Hg.), Calvin und Calvinismus.
    Europäische Perspektiven, Göttingen 2011, 85-102, bes. 97-102.

25  Calvin, Institutio 4.12.1.

## 2) 불링거와 교회의 표지

먼저, 불링거는 《아우그스부르크 신앙고백서》의 전통적 규정을 거의 글자 의미대로 받아들였다. "무엇보다도 주목해야 하고 또 중요한 것은 크게 두 가지이다. 하나님 말씀의 확실한 선포와 그리스도의 성례의 합법적인 참여이다. 이 외적인 표지에 추가될 수 있는 다른 것은 하나님을 경배하는 예배, 교회의 일치, 십자가의 고통을 인내하는 것, 그리스도를 통하여 하나님의 이름을 부르는 간구 등이지만, 여기에서 나는 앞서 밝힌 두 가지 표지에만 집중할 것이다."[26]

우리의 주목을 끄는 것은, 불링거가 두 가지 '외적인 표지'와 다른 두 가지 '내적인 표지'를 제시했다는 점이다. "실제로 신자들이 위선자들과 함께 공유하는 교회의 외적인 표지 외에 오직 신자들에게만 속해 있는 것도 있다. 그것은 특별한 조직 혹은 특별한 은사로 불리는 분명한 내적인 표지이다. 이 내적인 표지는 비록 어떤 위급한 상황으로 외적인 표지를 확인할 수 없다고 해도, 외적인 표지를 풍성하게 만들 뿐만 아니라 하나님 앞에서 사람들을 만족스럽고 기쁘게 만든다. 내적인 표지 없이는 어느 누구도 하나님을 기쁘게 할 수 없다. 이 표지 안에 하나님 자녀의 참된 형상이 있다. 그것에 주님의 영과 함께 하는 교제, 참된 믿음, 하나님을 향한 사랑과 이웃 사랑이 있다. 이러한 표지를 통해 그리스도의 참되고 살아 있는 지체인 신자들은

---

26  Dek 5.1, Schriften 5, 40; HBTS 3, 751, 23-35.

가장 먼저 머리이신 그리스도와 함께, 다음으로 교회의 몸을 이루는 모든 지체와 함께 연합되기 때문이다. 이러한 통찰은 무엇보다도 하나님의 참된 교회에 대한 인식에 유익을 준다. 하나님의 교회는 거룩하지 못한 지체들에 대해 인내하면서, 그들과 함께 하는 외적인 교류를 통하여 결코 더럽혀지지 않는다. 교회는 지속적인 연단 가운데 하나님을 온전히 경외하는 것을 추구한다. 복음적이며 사도적인 가르침은 우리에게 가장 먼저 그리스도가 그분의 영을 통하여 우리와 하나 되는 것이고, 우리 마음과 영혼의 믿음을 통하여 그분과 연합되는 것이라고 말한다. 이렇게 그리스도는 우리 안에 살며, 우리는 그분 안에 사는 것이다."[27]

불링거는 '외적인 표지'에 관한 언급과 마찬가지로 '내적인 표지'에 관하여도 다양한 성경구절에 근거하여 제시했다. 예로, 요한복음 7:37-39, 갈라디아서 2:20, 로마서 12, 에베소서 3:17, 요한일서 4:16-17이다. 이 성경구절들을 연구하는 것은 매우 유용하다. 의심의 여지없이 불링거의 '내적인 표지'에 관한 특징은 인용된 성경구절의 내용과 의미를 통해 더 확연히 이해할 수 있다. 이 내적인 표지는 교회의 세 번째 표지가 되기 때문이다. 이러한 점에서, 불링거는 다른 종교개혁자들과 달리 교회의 권징보다 오히려 거룩함을 더 강조하였다. 여기에서 우리는 신학적 관점에서도 불링거의 뜨거운 심장을 확인할 수 있다. 이 중심적인 이해로부터 교회론의 집약된 파동 가운데 불링

---

27    Dek 5.1, Schriften 5, 46; HBTS 3, 748, 16-19.

거의 총제적인 신학이 고동치고 있다.

이러한 입장은 무엇을 의미하는가? 참된 교회를 분별할 때 교회의 외적인 표지도 그 자체로 오용될 수 있거나 충분하지 않을 수 있다는 것을 의미한다. 즉 외형적으로만 하나님의 말씀을 선포하고, 성례를 시행하며, 하나님의 이름을 간구하는 교회는 그 자체로 위선적인 교회일 수 있다는 것이다. 내적인 표지는 성령과 함께 하는 공동체, 바른 믿음, 하나님을 향한 사랑과 이웃 사랑이다. 다시 말해, 공동체 회원들이 내적인 표지를 추구하는 삶의 방식은 교회의 참된 본질을 깨닫기 위해 필연적이고 매우 중요하다. 여기에 불링거의 중요한 신학적 업적이 드러난다. 그는 구원의 역사와 관련하여 하나님의 유일한 활동과 인간의 수동성을 강조했다. 즉 그리스도의 대속사역은 구원의 목적으로서 삶의 윤리적인 변화 위에 끊임없이 펼쳐진다는 것을 의미한다. 당연히 교회 성도들의 삶에서도 유효한 의미로 작용한다. 하나님의 말씀을 듣는 것과 성례의 참여는 신자들의 행함 안에서 '용서의 표현과 하나님의 긍휼'의 일치성을 이루도록 요구한다.[28]

---

28   Mark S. Burrows, 'Christus intra nos vivens'. The Peculiar Genius of Bullinger'0s Doctrine of Sanctification, in: Zeitschrift für Kirchengeschichte 98 (1987), 48-69.

# 3. 무엇이 교회를 교회답게 만드는가?
## ─ 교회의 표지에 대한 참된 의미

'교회의 표지'에 대한 몇 가지 요점들에 대해 좀 더 선명하고도 상세한 설명이 필요하다. 나는 여기에서 두 가지 요점을 중심으로 해설을 제시할 것이다. 즉 설교와 성례의 관계와 섬김의 영역이다.

## 1) 설교와 성례

지난 30년 동안 교회연합적인 대화와 교류는, 이 글에서 언급하는 것과 같이 교회의 실재성의 이해와 개신교 교회론의 특징으로서 "말씀 중심주의"에 대한 매우 의미 있는 인식을 가져왔다.[29] 개혁파 교회론은 '말씀과 성례'를 교회의 표지로서 실제로 실행하고 있는가? 역사를 회고할 때 교회의 표지는 교회의 실천에서 모순을 일으키지 않았다고 알려 준다. 개혁파 신학은 항상 말씀이 중심임을 강조했는데, 과연 이 말씀은 성례와 어떤 관계에 있는가? 교회의 표지로서 세례와 성만찬의 합법적인 용무 시행을 위한 시간과 조건은 충분한가?

---

29  Der Begriff stammt von Martha L. Moore-Keish , Calvin, Sacraments and Ecclesi-
    ology: what makes a Church a Church, in: http://reformedtheology.org/SiteFiles/
    PublicLectures/Moore-KeishPL.html,
    Sie ist eine no norda-merikanische presbyterianische Theologin und Mitglied der
    weltweiten reformierten Kirchenfamilie,. In diesem Beitrag stellt sie einige scharf-
    sinnige und herausfordernde Fragen.

이러한 질문들은 새로운 것이 아니다. 교황주의자들, 루터주의자들, 성공회주의자들 그리고 초기 교회연합주의자들은 빈번하게 개혁파 신자들이 성례에 관한 자신들의 입장 때문에 가시적인 교회에 대해 완전히 적합하지 않은 이해를 한다고 표명했다. 이것은 정당한 평가인가? 물론 이론적으로 정당한 평가가 아니다. 그러나 실천적으로 이 대답은 어느 정도 '맞다'고 말할 수 있다. 그렇다면 그 배경에 어떤 이유가 숨어 있는가? 어떻게 하는 것이 성례에 대한 바른 이해와 확실한 형태로 반응하는 것인가? '설교와 성례'와 함께 하는 교회생활을 발전시키는 데에 방해 요소는 무엇인가? 무엇보다도 다음의 질문과 직접적으로 연결되어 있다. '설교와 성례'와 함께 하는 교회생활을 위한 실천사항은 무엇인가? 깔뱅이『기독교 강요』4권 14-17장에서 제시한 것처럼, 불링거의《50편 설교집》5권 8-9편 설교는 그들의 성만찬 이해와 오늘날 성례적 실천이 얼마나 큰 차이가 있는지 확인해 준다. 그리고 교회론에서 성례론의 재통합을 통하여 개혁파 교회가 추구하는 교회의 이해를 더욱 풍성하게 할 수 있는 희망을 직접적으로 일깨워 준다.

물론 이러한 논지는 필자가 개혁파 교회를 비판하고자 하는 것이 아니다. 하지만 성경과 설교에 대한 강조가 실제로 성례를 배제하거나 그 의미를 깎아내리고 있다는 느낌을 갖게 하는 것은 사실이다. 십자가에서 돌아가신 주님이 다시 살아나서서 교회에 생명을 선물하셨다는 성례의 이해와 의미가 더 이상 우리에게 강조되지 않기 때문이다. 더구나 성례가 교회에서 예배의 중심 예전이라고 소개한 깔뱅과 불링거의 입장과 다르게, 성찬식이 설교 중심의 예배에 첨가된 단순한 부가물로 전락하였다는 것을 인식해야 하기 때문이다. 물론 이러한 나의 비판이 어느 정도 민감한 내용임은 사실이다. 그럼에도 불구하고 개혁파 교회론이 균형을 잃고 '말씀 중심주의'를 우선으로 강조하고 있는 것도 부인할 수 없는 사실이다. 즉 이것은 연약하게 세워진 개혁파 교회에 대한 중요한 근거와 증언일 수 있다는 점에서 주목할 필요가 있다.

## 2) 성례로서 섬김

교회의 표지로서 '섬김'은 지금까지 숙고의 과정에 있다. 이 글에서 다루는 본문(《50편 설교집》과 《스위스 제2 신앙고백서》)에서 문자적으로뿐만 아니라 의미론적으로 다루고 있음에도 매우 낯선 주제처럼 소개되고 있다. '섬김'을 의미하는 'Diakon'은 그리스도의 관심 주제이다. 그래서 섬김, 즉 교회 신자의 섬김은 자연스럽게 나타나는 인간의 기능이 아니다. 오히려 신자들의 신앙 행위, 즉 그리스도 안에서 또 그리스도 영의 능력 안에서 서로 교통하면서 주고받는 것을 말한다. 신자들의 행위는 그리스도의 몸을 성례적으로 실천하는 공동체로부터 연유된 것이다. 이러한 사실을 통해 볼 때, 섬김의 봉사가 교회의 본질에 속한다는 것은 초대교회에서 신앙적 질문의 대상조차 아니었다. 그리고 섬김의 봉사도 성령의 오심에 대한 선포와 그의 사역으로서 주님이 위임하신 것이다. 사도행전 6장에서 섬김의 봉사를 위해 일곱 사람을 공적으로 선출할 때 교회 회원들에게 명한 것은, 이 일곱 사람이 합법적으로 부르심을 받았을 뿐만 아니라 "성령이 충만한" 사람인지 시험하는 것이었다. 또한, 그들이 기독교적 공동체 교회 안에서 많은 신자를 대상으로 섬김을 행할 수 있는지 시험하는 것이었다.[30]

신약 성경의 기록과 종교개혁시대(취리히 종교개혁의 다양한 사회봉사와 제네바에서의 병원과 '구제 사역'을 생각할 수 있다)를 통해 볼 때 완전한 섬김의 요구, 즉 "영적으로 섬김의 삶을 사는 것"은 오늘날 근본적으로 어려운 문제가 되고 있다. 이 행위영역의 복잡성과 사회적 도전들은 - 제도화, 전문화 그리고 일반화 - 근심을 갖게 하는 동시에 용기도 필요로 한다. 섬김의 행위는 이러한 문제 가운데서도 우리에게 긍정적인 영향을 주기 때문이다. 그렇다면 섬김의 봉사를 어떻게 실천하도록 할 수 있을까? 교회 공동체에 섬김의 시도를 강력하게 상호 인식(자각)하여 실천하도록 장려하는 것은 교회 공동체를 굳건히 할 뿐만 아니라 미래를 약속해 주는 길이 된다. 이러한 섬김은 정확히 무엇을 의미할까? 우리가 앞서 언급했던 《아우그스부르크 신앙고백서》는 이렇게 말하고 있다.

복음이 순수하게 선포되고 또 성례가 바르게 시행되는 교회는 거

---

30   Rudolf Weth, Kirche in der Sendung Jedsu Christi. Missionarische und diakonische Existenz der Gemeinde im nachchristlichen Zeitalter, Neukirchen-Vluyn 1993.

룩하고, 보편적이며, 사도적인 교회이다. 이 교회는 스스로 자신의 섬세한 주된 기능을 가지고 섬김, 선포, 예배 그리고 신앙교육을 온전히 행한다."

## 나오며

이미 잘 알려진 것처럼 종교개혁자들은 성례를 특별히 하나님 말씀의 보이는 형식으로서 성만찬을 강조했다. 이와 비슷하게 필자는 경험적으로 프랑스의 '떼제 공동체'의 교류와 같이 이웃의 성례에 관하여 언급하고 싶다. 무엇보다 하나님 말씀의 선포 안에서, 성만찬 안에서 그리고 마태복음 25장에서 말하는 도움이 필요한 가장 작은 자들 안에서 예수 그리스도는 우리를 직접적으로, 특히 구원의 확신적인 의미와 함께 만나신다. 섬김의 행위, 즉 도움이 필요한 사람들에게 베푸는 실천적 신앙 행위는 성례적인 품위를 가지며, 교회적인 실천 기준에서도 탁월한 가치를 지닌다. 주님의 몸과 피가 빵과 포도주를 통해 영적으로 현존하는 성만찬처럼, 섬김의 행위는 성경적으로나 신학적으로 특별한 이해 가운데 실천되는 성례적인 신앙 행위이다. 하나님 말씀의 전제 아래서 섬기는 행위, 즉 성경적 사명에 기초한 성도의 교제로서 섬김을 실천할 때, 이웃을 섬기고 돕는 '이웃의 성례'가 되는 것이다.

이웃을 돕는 '섬김'은 본질적으로 한 개인의 실천적 행위로서만 이루어지는 것은 가능하지 않고 필요하지도 않다. 필자는 이에 대해 한 근본적인 요점을 들어 결론적으로 이야기하고 싶다. 즉 교회적 행위와 다르지 않은 '섬김'은 그 사회 안에서 살아가는 '모든 백성'을 얻게 하는 의미 있는 기회를 갖게 할 것이다. 이 '섬김'은 예수님의 명령으로부터 연유된 선교적인 사명의 일환이자, 민족을 초월하여 이루어지는 행위가 되기 때문이다. 그러므로 이 섬김은 특별히 다문화적이고 다종교적인 사회에서 이웃과 나그네를 위해 공동체의 경계를 훌쩍 넘어서게 하는 것이다.

분명히 교회의 일치성과 거룩성과 보편성 그리고 사도성은 그 자체로 스스로 이루어지지도 않고 보증되지도 않는다. 이 모든 교회의 속성은 무엇보다도 성령에 대해 공동체가 함께 진지하고도 진실하게 깊이 간구할 때 실현된다. 우리 교회공동체가 함께 애통한 마음으로 간구할 때 임한다. 그러므로 우리는 간절히 구해야 한다. "성령이여 오셔서 우리를 항상 새롭게 하소서!"

# Die gantze Bibel

der vrsprüngliche Ebraischen
vnd Griechischen waarheyt
nach/ auffs aller treüwli=
chest verteütschet.

Getruckt zů Zürich bey Christoffel
Froschouer/ im Jar als man zalt
M. D. XXXI.

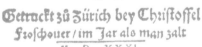

# 4

# 하인리히 불링거의
# 《스위스 제2 신앙고백서》
# 이해

에미디오 캄피 | 번역 이남규

Das Zweite helvetische Bekenntnis - Eine Einführung

## 들어가며

16세기의 두 가지 신앙고백서는 '스위스 신앙고백서'라는 이름을 가지고 있다. 하나는

《스위스 제1 신앙고백서》(CONFESSIO HELVETICA TERIOR)로서 1536년에 작성된 스위스 독일어권 지역의 개혁파 교회의 신앙고백서이다. 다른 하나는《스위스 제2 신앙고백서》로서 30년 후에 스위스 독일어권과 프랑스어권 지역에서 신앙의 일치를 이루었던 개혁파 교회가 표준문서로 받아들인 신앙고백서이다. 라틴어로《CONFESSIO HELVETICA POSTERIOR》라고 명명한다. 이 신앙고백서는 개혁파 교회의 가장 중요한 신앙 증언으로《하이델베르크 요리문답서》와 함께 개혁파 교회의 공적인 신앙유산이 되었다.

# 1. 《스위스 제2 신앙고백서》의 발생

《스위스 제2 신앙고백서》의 발생과 관련하여 중요한 역할을 한 여러 요소 중 두 가지 사실은 절대로 간과할 수 없다. 첫 번째 계기는 1563년 로마 가톨릭교회의 '트리엔트 종교회의'의 종료와 관련이 있다. 가톨릭 신앙의 분명한 교리적 경계 설정은 신학적 문제를 변화시켰을 뿐 아니라 개혁파 교회와 로마 가톨릭교회 사이의 신앙 노선을 변경시켜 결국 신학적 차이를 만들었다. 이러한 변화와 관련하여 또 미묘하게 분열된 개혁파 진영의 내적 일치를 위한 질문에 적절한 답변을 신속히 정리해야 했다. 이 신학적 논쟁의 시기에 취리히 대표 목사 하인리히 불링거(Heinrich Bullinger)와 깔뱅의 후계자로서 제네바의 총명하고 기민한 테오도르 베자(Theodor Beza)가 《스위스 제2 신앙고백서》 위에 유럽 개혁파 교회의 연합된 신앙공동체를 세우고자 온 힘을 쏟은 것은 종교개혁사에서 매우 잘 알려진 사실이다.[1]

《스위스 제2 신앙고백서》가 발생하게 된 직접적인 계기는 선제후국 팔츠 교회의 급변한 상황과 관련되어 있다.[2] 선제후 프리드리히 3세가 루터파 교회에서 개혁파 신앙으로 전환하면서 정치적으로 매우 위험한 상황을 맞이하였다. 그는 루터파 교회를 지지하는 제후들과

---

[1]  참고, Büsser, Heinrich Bullinger, 31-40; Hollweg, Der Augsburger Reichstag, 181-197; Dufour, Théodore de Bèze, 116-119.

[2]  참고, Henss, Der Heidelberger Katechismus; Wolgast, Reformierte Konfession; Mühling, Heinrich Bullinger, 104-116.

신학적이며 교회정치적인 논쟁에 참여해야 했기 때문이다. 신학적이며 외교적인 논쟁의 쟁점은 팔츠 교회의 입장이 초대교회 전통과《아우그스부르크 신앙고백서》(Confessio Augustana) 혹은 멜란히톤이 매우 소극적으로 개정한《아우그스부르크 고백서 개정판》(Confessio Augustana Variata)에 대한 동의 여부였다. 이 논쟁이 해결되지 않으면 프리드리히 3세는 이단자로 고소되어 신성로마제국의 법에 따라 1555년 '아우그스부르크 종교평화협정'(Augsburger Religionsfrieden)에서 개혁파 교회가 배제된 것과 관련하여 매우 위험한 상태에 직면할 수 있었다. 즉 프리드리히 3세는 선제후 지위에서 파면되고 종교적으로 출교될 수 있는 결과까지 예상되는 사안이었다. 이 긴장된 상황은 그 범주가 계속 확장되어 최고의 결정에 이르렀다. 황제 막시밀리안 2세는 1566년 1월에 제국회의가 소집될 때 "어떻게 파괴적이며 이단적인 분파를 우리 모두를 위해 단번에 완벽하게 도려낼 수 있는가?"[3]에 대한 문제를 제기하면서 팔츠의 신학적 입장을 듣기 위해 의사일정을 집어넣었다. 이 상황 속에서 프리드리히 3세는 총리 크리스토프 폰 에헴(Christoph von Ehem)을 통해 베자에게 도움을 요청했다. 그리고 선제후는 스위스 출신 의사이자 평신도 신학자였던 토마스 에라스투스(Thomas Erastus)를 통해 불링거에게 일곱 가지 질의서를 보냈다. 불링거는 이 질의서와 관련하여 제국회의 때 변론을 지원하는 신학적 논증을 제시해야 했다. 덧붙여, 프리드리히 3세는 신성

---

3   Henss, Der Heidelberger Katechismus, 55; Hollweg, Der Augsburger Reichstag, 104; Goeters, Die Confessio Helvetica Posterior in Deutschland, 82.

로마제국의 종교정책 밖에 놓인 개혁파 교회의 교리가 사도적 전통과 일치함을 증명할 수 있도록 "간략하고 분명하며 특징적인 신앙고백서"를 작성해 줄 것을 부탁했다.[4] 불링거의 신학적 논증은 잊혀져서 인쇄되지 않았다.[5] 물론 이 논증은 신앙고백서와 성격이 달랐기 때문에 크게 주목되지 않은 것이다.

팔츠 선제후가 요구한 개신교 신앙의 제시는 불링거에 의해 새롭게 작성될 필요는 없었다. 그것은 영적 유언으로서 오래전부터 존재하고 있었기 때문이다.[6] 그는 1560년 늦여름 이미 한 신앙고백서의

---

4  팔츠 선제후의 총리가 베자에게 보낸 편지는 사라졌으나 그 내용은 여전히 남아있다: Henri Meylan et al. (Hg.), Correspondance de Théodore de Bèze, Bd. 6, Genf 1970, 219-221, 224-225 und 307-308. 불링거에게 보낸 에라투스의 질의서가 첨부된 편지(1565년 11월 23일자)는 취리히 문서보관소에 보존되어 있다(E II 371, 1012; Leitsätze: E II 371, 1011). 이와 관련하여 다음의 자료를 참고할 수 있다: Hildebrand u. Zimmermann, Bedeutung und Geschichte, 36 – Hollweg, Der Augsburger Reichstag, 155-156 – Benrath, Die Korrespondenz, 105-107.

5  불링거가 쓴 원본은 취리히 문서보관소에 있다(E II 1015-1025). 한 복사본은 취리히 중앙도서관에도 소장되어 있다(Ms. S 112, Nr. 124). 이 글에서 전혀 주목하지 않은 이 신앙고백서의 신학적 평가는 Büsser가 매우 상세하게 제공하고 있다: Büsser, Bullinger und 1566, 189-198.

6  여기에서 필자는 의도적으로 가치 중립적인 '신앙고백서'라는 표현 대신에 '유언장'(Vermächtnis)이라는 용어를 사용할 것이다. 다양한 시각에서 '사적이고 개인적인' 신앙고백서로서 다룰 수도 있고, '공적인' 신앙고백서로 다룰 수도 있기 때문이다. 참고: Staedtke, Offizieller Text, 19 – Koch, Die Textüberlieferung, 19 – Pfister, Das Zweite Helvetische Bekenntnis in der Schweiz, 56 – Dowey, Der Theologische Aufbau, 207 – Dowey, Bullinger as Theologian, 60 – Muralt, Vierhundert Jahre Zweites Helvetisches Bekenntnis, 382-383. 이 논의에 지금까지 하나의 통일된 주장 혹은 여러 주장을 위한 결정적인 논증이 제시될 수 없기 때문에, 오랫동안 취리히 교회의 대표 목사로 일했던 불링거가 이 원고를 자신을 위해 작성했을 때 자기 교회를 위한 유언으로 사용될 수 있는 의도가 없지 않았다는 사실에 만족할 필요가 있다.

초안을 작성했었다.[7] 그리고 이 신앙문서를 자신을 위해 또 취리히 교회의 대표 목사로서 자기 직무에 대한 책임의식과 함께 "바른 믿음의 간략하고 명확한 해설"(Expositio brevis ac dilucida orthodoxae fidei)이라는 이름으로 1561년에 전체 내용을 수정 보완했다.[8] 이 신앙고백서가 바로 팔츠 선제후에게 보낸 "해설"이다. 이 문서가 신앙고백서로 변경되는 과정을 확인하기 전에, 그것의 발생 시점을 정확하게 규명하기 위해 1560년 상황을 간략하게 살펴볼 필요가 있다.

정치·사회적으로 또 신학·교회적으로 종교개혁 후기 교회 역사의 실마리가 되는 해인 1560년 7월 1일 헤센의 영주인 필립으로부터 루터주의자들 사이에 신학적 논쟁을 조정하기 위한 회의를 개최해 달라는 (Jena) 신학자들의 요구에 대한 의견을 묻는 편지가 불링거에게 전달되었다. 1560년 8월 20일 불링거는 헤센의 영주인 필립에게 취리히 목사들과 교수들과 사역자들의 이름으로 작성된 의견서를 보냈다. 이 회의에 대한 취리히 신학자들의 부정적 판단은 여기에서 논의하지는 않을 것이다. 여기에서 주목해야 할 것은 이 의견서가 취리히 교회가 추구하고 있는 교리적 입장을 담고 있다는 사실이다. 그 내용과 구성 요소의 배치를 분석해 보면 그 이후에 작성된《스위스

---

7  이러한 이른 시기의 결정은 Koch의 나중 논문들에 근거한다: Koch, Bullinger und die Thüringer, 322-324, 329-330; Koch, Beobachtungen, 223-232. 여기에서 필자는 모든 원본을 언급할 것이다. 우리의 관심 속에서 이 신앙고백서의 발생 시기의 문제가 새롭게 대두된다. Koch은 1560년 늦은 여름에 '해설'의 원고가 상당히 진척되었다(231p.)고 추측했지만, 발생 시기와 작성 시기를 정확하게 구분하지는 않았다.

8  이것이 전통적 시기 결정인데, 1966년까지 Koch도 주장했었다. Koch, Die Textüber-lieferung, 19.

제2 신앙고백서》의 초고(初考)와 눈에 띄게 비슷함을 볼 수 있다. 그 유사성은 적어도 처음 11장까지 문장구조와 문구의 세부사항에까지 이르고 있다. 이러한 일치 때문에 불링거가 이미 1560년 늦여름에 신앙고백서의 형태로 개신교 교리의 개요를 작성했었다는 결론에 이를 수밖에 없다는 것이다.

물론 이른 시기에 작성되었다는 견해가 있다. 1561년 1월 중에 쓰인 불링거의 일기에는 "정통신앙의 간략한 해설을 내가 작성한다"(Scribo brevem fidei orthodoxae expositionem)라는 기록을 확인할 수 있다.[9] 이와 동일한 내용이 불링거의 자필 저술목록의 기록에도 유효하게 나타난다. "최초로 나는 이 신앙고백서를 1562년에 마무리했으며, 여러 번 검토했던 마터와 함께 논의했다."[10] 이 때문에 여러 문서의 기록에 근거하여 "해설", 즉 미래의 《스위스 제2 신앙고백서》의 원본이 1561년 1월 중에 작성되었다는 전통적 견해가 오늘날까지 우세하게 주장되고 있다.

이 모순을 해결하는 가장 좋은 방법은 발생 시기와 작성 시기를 구분하는 것이다. 여러 문서에서 "해설"의 작성 시기를 정확하게 제

---

9   Bullinger, Diarium, 66, 11.

10   취리히 중앙도서관, Ms. F 98, 30a. 여기서 Petrus Martyr Vermigli의 언급은 최대한 늦은 날짜인데, Vermigli가 1562년 11월 12일에 사망했기 때문이다. 불링거와 Peter Martyr Vermigli 사이의 의견교환은 논란의 여지가 없으나, 이 피렌체 출신인 Vermigli가 《스위스 제2 신앙고백서》의 작성에 끼친 영향의 범위는 열려 있다. 예를 들어, 예정 교리에 대한 상반되는 방식을 알아차리기도 한다(참고: Peter Walser, Die Prädestination bei Heinrich Bullinger, Zürich 1957, 191-193). 집중적인 탐구에도 필자는 계속되는 교리 부분에서 확실한 증거를 찾아내는 데 이르지는 못했다. 그렇기 때문에 이 질문에 대한 새로운 근거 없이 확신 있게 대답할 수는 없다.

시하고 있다고 해도 이른 작성에 반대하는 설득력 있는 논증으로 확정되기는 어렵기 때문이다. 1560년에 작성된 의견서는 적어도 이 시기에 "해설"의 구성 요소에 대한 일부가 이미 문서로 작성되어 있었다는 것을 확실하게 증거한다. 결과적으로 일차 자료들을 주목하면, 더 이상 다른 뜻을 말할 근거를 제시할 수 없기 때문에 "해설"이 발생한 첫 시기를 1560년 늦여름으로 받아들일 수 있으며, 1561년에 수정 보완되어 작성되었다는 것은 의심의 여지가 없다.

그렇다면 어떤 역사적 맥락에서 "해설"이 《스위스 제2 신앙고백서》로 변모했을까?[11] 불링거 자신이 일기에 언급했듯이, 그는 팔츠 선제후 프리드리히 3세의 긴급한 요청과 관련하여 1565년 12월 18일에 새롭게 작성된 원고를 보냄으로써가 아니라, 오히려 "해설"을 활용함으로써 빠르게 답변할 수 있었다.[12]

하이델베르크에서 팔츠 총리 크리스도프 에헴은 1566년 1월 6일, 불링거에게 보낸 편지에서 이미 전달 받은 것들에 대하여 깊은 우정

---

11  이에 대한 상세한 내용은 다음의 글을 확인할 수 있다: Hildebrand u. Zimmermann, Bedeutung und Geschichte, 35-47; Pfister, Das Zweite Helvetische Bekenntnis in der Schweiz, 54-60; Pfister, Kirchengeschichte, 304-305; Goeters, Die Confessio Helvetica Posterior in Deutschland, 81-85; Benrath, Die Korrespondenz, 104-110; Büsser, Heinrich Bullinger, 164-167.

12  Bullinger, Diarium, 83, 20-25: »Postulante Palatino mense Decembri 1565. misi inter alia confess[ionem] et expositionem nostrae religionis etc. Scripseram illam anno 1564., cum pestis ingrueret, ut ipsam post me relinquerem et senatui donarem testimonium meae fidei et doctrinae meae confess[ionem], ac videbatur nunc Palatino mittenda, quod is peteret certam formam doctrinae etc.«. 1564년이 바르지 않고, 1561년으로 교정되어야 한다는 관점이 오늘날 일반적이다. 참고: Koch, Die Text-überlieferung, 17.

을 표시하면서 "해설"을 독일어로 번역하여 신앙고백서로 출판해도 되는지 문의했다. 덧붙여, 불링거가 짧은 머리말과 서문을 작성해 줄 것도 요청했다. 라틴어로 작성된 신앙고백서는 불링거의 이름이나 다른 신학자의 이름으로, 가능하다면 스위스 교회나 교회 목사들의 이름으로 출판되는 기회가 되었다. [13] 이 때문에 새로운 스위스 신앙 고백서가 지상에 나올 수 있었다. 취리히 교회의 대표 목사는 빠르게 "해설"을 교정하고, 가장 먼저 취리히 의회를 통해 이 신앙고백서의 출판을 승인해 달라고 요청했다. 이렇게 해서 이 신앙고백서는 취리히 교회와 투르가우(Thurgau), 토겐부르크(Toggenburg), 라인탈 (Rheintal) 그리고 글라너란트(Glarnerland) 지역의 교회를 위한 신앙 문서로 받아들여졌다.

그 이후 불링거는 제네바 교회와 다른 개신교 지역의 승인을 받기 위해서도 노력했다. 1566년 2월 16일 테오도르 베자와 니콜라스 콜 라동이 취리히를 방문했다. 불링거의 노력을 보면서 깔뱅의 후계자 는 자신의 글인 《이루어져야 할 그리스도 교회의 평화에 관하여》(De pace christianarum ecclesiarum constituenda)를[14] 스위스 개혁파 교회 의 공동선언으로 제안하려던 것을 포기하고, 제네바 교회 목사들의

---

13  불링거에게 보낸 Ehem의 편지(6.1.1566), 취리히 문서보관실, E II 363, 84. 라틴어에 서 독일어 번역, in: Hildebrand u. Zimmermann, Bedeutung und Geschichte, 37-38, Anm. 11.

14  이 작품은 제네바에서 익명으로 다음 제목으로 출판되었다: De pace Christianarum Ecclesiarum constituenda, consilium pii et moderati cujusdam viri: ad sacram Cae- saream Majestatem, et Rom[ani] Imperii status Augustae congregatos, Genevae: apud Joan[nem] Crispinum, 1566.

이름으로 "해설"에 서명했다. 베자는 제네바로 돌아온 후에 프랑스 번역본을 준비하여 몇 달 안으로 출판할 수 있도록 했다.[15] 베른은 몇 가지 이의를 제기했지만 수정을 조금 하는 것으로 수용될 수 있었다.[16] 베른의 승인으로 1536년 이래 이 도시의 관할권 아래 있었던 바트와 아르가우 지역도 불링거의 신앙고백서를 의무적으로 수용했다. 2월 말에는 샤프하우젠과 샹갈렌의 목사회의 승인이 뒤따랐다. 당시 루터파 교회에 깊이 관여했던 바젤(1642년에 처음 참여함)을[17] 제외하고 쿠르, 비엘, 뮐하우젠도 서명했다. 스위스 모든 개혁파 교회가 이 신앙고백서를 정말 짧은 시간 내에 인준했다. 이러한 과정을 통하여 불링거의 개인 문서였던 "해설"이 《스위스 제2 신앙고백서》가 된 것

---

15  불링거에게 보낸 베자의 글(24.2.1566), in: Henri Meylan et al. (Hg.): Correspondance de Théodore de Bèze, Bd. 6, Genf 1970, 45-47; 64-65.

16  다음을 보라: 316-323, Kap. 18, und 329-334, Kap. 21. 참고: Pfister, Das Zweite Helvetische Bekenntnis in der Schweiz, 57.

17  1642년 11월 18일에 바젤 교회와 의회는 《스위스 제2 신앙고백서》를 승인했다. 하지만 바젤서의 서명은 1644년 《바젤 신앙고백서》(1534)와 함께 수록된 새로운 출판에서 처음 확인된다. 노이언부르크(Neuenburg)는 출판 후에 바로 승인된 1568년 판에 언급되었다. 참고: Pfister, Das Zweite Helvetische Bekenntnis in der Schweiz, 59-60; Hans Berner, Basel und das Zweite Helvetische Bekenntnis, in: Zwing. 15 (1979), 8-39.

18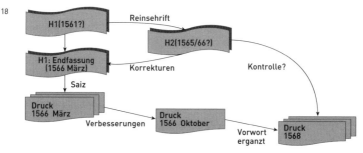

이다.[18]

　이미 1566년 3월 초에《정통신앙과 순수한 기독교의 보편 교리에 대한 신앙고백과 간단한 해설》(Confessio et expositio simplex ortho-doxae fidei et dogmatum Catholicorum syncerae religionis Christianae)이 라틴어 번역본으로 인쇄되었다.[19] 곧바로 불링거의 독일어 번역본이 다음과 같은 제목으로 출판되었다.《참된 믿음의 신앙고백과 순수한 기독교의 바른 보편 교리와 조항들의 간단한 해설》(Bekanntnuß Deß waaren Gloubens unnd einfalte erlüterung der rächten allgemeinen Leer unnd houptarticklen der reinen Christenlichen Religion).[20] 1566년 3월 12일 6권의 라틴어와 독일어 인쇄본이 선제후 프리드리히 3세에게 전달되었다. 불링거는 함께 동봉된 자신의 편지에 이렇게 썼다.

　"하나님께서 아름답게 이 신앙고백서를 선사하셨습니다. 모든 동맹 교회들이 관련된 교회 문제에 대하여 제국회의가 고소했지만, 인자가 넘치는 선제후님이 친절하게 보낸 조항들이 계기가 되어서 모든 교회의 종들이 하나님의 은혜가 충만한 가운데 한 신앙고

---

모두 합쳐서 다섯 개의 견본이 있다, 즉 두 개의 육필과 세 개의 인쇄다. 대략적인 시간적 순서는 다음과 같다: Bullingers Handschrift, 1561-1566 (Siegel H1); Handschrift unbekannter Hand, ca. 1566 (Sigel: H2); Erstdruck März 1566 (Sigel: 66M); Druck Oktober 1566 (Sigel: 66O); Druck 1568 (Sigel: 68). 다음의 설명을 참고하라: Koch, Die Textüberlieferung, 13-16. 덧붙여, 다음의 의견도 주목할 만하다: Muralt, Vierhundert Jahre Zweites Helvetisches Bekenntnis, 380-383. 다섯 개의 자료 사이의 관계는 위의 그림으로 가장 잘 요약하여 묘사할 수 있다.

19　Staedtke, Bibliographie, 42 (Nr. 1).

20　Ebd., 45 (Nr. 31).

백서로 일치를 이룰 수 있게 되었습니다. 여기에는 제네바 목사들도 함께 참여했습니다. 이것은 프랑스에 있는 모든 개혁파 교회들도 우리와 하나임을 보증한 것입니다. 우리 은혜로우신 주님의 국가와 지역들이 이 신앙고백서를 인준해 준 덕분에 라틴어와 독일어로 출판될 수 있었습니다."[21]

1566년 아우그스부르크 제국회의의 결과는 선제후국인 팔츠에 교회정치적으로 커다란 변화를 가져다주었다. 하지만 1566년 5월 14일 팔츠 선제후 프리드리히 3세는 매우 아쉽게도 그 유명한 변증 연설에서 몇몇 신학자들에게 요청하여 받은 질의서를 활용할 기회가 없었다. 그리하여 불링거의 질의서와 《스위스 제2 신앙고백서》도 제국회의의 교회정치적인 논쟁에서 이렇다 할 역할을 하지 못했다. 아우그스부르크 제국회의 이후에도 불링거의 신앙고백서는 팔츠에서 지속적으로 높은 명성을 얻었지만, 한 번도 공식적인 신앙고백서로서 지위는 얻지 못했다. 그럼에도 불구하고 1566년 제국회의 열리는 아우그스부르크에서 이미 프리드리히 3세는 취리히 대표 목사에게 문헌적 도움에 대해 감사를 표명했으며,[22] 같은 해 10월에는 분명한 감사의 표시로서 금으로 도금된 컵을 선물하기도 했다.[23]

---

21  Friedrich III에게 보낸 불링거의 글, Zürich Staatsarchiv, E II 371, 1081. 참고: Hildebrand u. Zimmermann, Bedeutung und Geschichte, 39-40.

22  1566년 5월 19일에 불링거에게 보낸 프리드리히 3세의 편지, Zürich Staatsarchiv, E II 363, 66. 참고: Benrath, Die Korrespondenz, 109.

23  Bullinger, Diarium, 84, 25-29.

# 2.《스위스 제2 신앙고백서》의 내용[24]

개별 주제들이 물이 흐르는 것처럼 서로 뒤섞여 전개되기 때문에《스위스 제2 신앙고백서》의 체계적인 구조를 명확하게 인식하기는 쉽지 않다. 이 때문에 각 신학적 주제를 구분하려는 시도가 하나의 가능성 이상으로 간주되기는 어렵다.[25] 라틴어 (소제목과 난외주를 포함하여) 약 25,700개의 단어로 작성된 원문은 서문과 30개 조항으로 구성되었는데, 각 장은 기독교 신앙과 삶의 주요 부분을 다양한 길이로 설명하였다. 먼저, 서문은 본문의 의미와 목적을 설명하고 있으며, 이 신앙고백서에 서명한 교회들의 이름을 열거하였다. 다음으로 초대교회 전통에 서 있음을 증명하는 의도로 두 문서가 포함되어 있다. 첫 번째 문서는 그라티안, 발렌티니안 2세, 테오도시우스 1세가 380년에 공포한《세 황제의 칙령》인데, 즉 정통신앙을 확립한 니케아 공의회의 삼위일체 교리를 선언하면서 이와 다른 입장들은 이단으로 정죄한 내용이다. 두 번째 문서는 로마 주교 다마수스와 알렉산드리아의 베드로 2세에 의해 선언된 신앙고백서이다. 끝으로《스위스 제2 신

---

24    독일어 인용: Walter Hildebrandt u. Rudolf Zimmermann, Heinrich Bullinger. Das Zweite Helvetische Bekenntnis, Zürich 1936, 6. Aufl. 2017.

25    내용의 다양한 배열 시도의 예(연대순): E.F. Karl Müller, Art. Helvetische Konfessionen, in: RE, 3. Aufl. 7 (1899), 641-647, hier: 645 – Dowey, Der theologische Aufbau, 208-213 – Koch, Die Theologie der CHP (Diagramm über den Aufbau von Bullingers Gesamtdarstellungen des christlichen Glaubens) – Pfister, Kirchengeschichte, 310 – Bühler, Bullinger als Systematiker, 221-224 – Wälchli, Bullinger, 96-98.

앙고백서》의 본문은 30개 조항으로 구성되어 있는데, 크게 4개의 주요 주제로 구분하여 이해할 수 있다.

불링거의 기독교 신앙에 대한 전체 설명에서 흔히 볼 수 있듯이, 첫째 부분(1-2장)은 성경에 대한 교리이다. 성경은 기독교 신앙과 삶의 모든 질문에 대한 유일한 규범으로서 충분한 권위(auctoritas sufficiens)를 가진다. 성경에 대한 중요한 해석학적 인식은, 먼저 성경과 하나님의 말씀은 동일하다는 점이다. 이와 동시에 성령의 조명 속에서 성경에 근거하여 선포하는 설교도 지금 표현된 하나님의 말씀으로 규정된다. 즉 "하나님 말씀의 설교는 하나님의 말씀이다"(predicatio verbi Dei est verbum Dei). 이러한 이유로 교회는 합법적이고 진실한 성경 해석을 위해 모든 주의를 기울여야만 한다. 교부들의 문헌, 공의회들의 결정 혹은 옛 시대에 합법화된 전통과 같은 인간의 권위들이 거절되지는 않지만, 그것들은 성경의 유일 권위 아래에 놓여 있어야 한다고 밝혔다.

우리에게 익숙한 구속 사역의 개요를 담고 있는 두 번째 부분(3-11장)은 신론, 죄론과 인간론, 예정론 그리고 기독론을 다룬다. 먼저, 신론에서 하나님의 본질과 속성에 대한 정의와 삼위일체론이 확인된다. 옛 것이든 새 것이든 모든 반삼위일체 이설은 거부되어야 한다(3장)는 것뿐만 아니라, 하나님의 위엄, 영으로 존재하심, 무한성과 관련하여 하나님은 우상으로 형상화될 수 없다는 것을 분명하게 강조한다(4장). 다음으로 신론을 토대로 자기 스스로 생각해낸 종교 행위와 동시대의 성인 및 유물 숭배에 대한 비판과 함께 하나님에 대한 참된 예배의 영적 성격이 담겨 있다(5장). 또한, 익숙하지 않은 순서인데 뚜렷한 이유 없이 《스위스 제2 신앙고백서》는 앞서 섭리 교리, 그 뒤에 창조론을 밝힌다. 여기에는 기본적으로 삼위일체 하나님이 창조주이심을 중요한 내용으로 언급한다. 창조주이신 하나님은 자신의 선을 섭리 안에서 선포하시는데, 이 섭리를 통해 전체 피조 세계와 각 피조물은 보존되며 다스림을 받는다(6-7장). 덧붙여, 8-9장은 죄와 인간론을 다룬다. 원래 하나님에 의해 선하게 창조되고 그분의 형상으로 지어진 인간은 타락하여 죄의 권세 아래 놓이게 되었다. 원죄와 자범죄의 전통적 구분을 유지하면서도, 기본적으로 죄를 육체적 힘이나 정신적 힘, 즉 인간 존재에 영향을 끼치는 인간의 부패(corruptio)로 이해한다. 총체적인 죄성을 통해 인간은 스스로 선을 행할 수 없다는 의미에서 자유의지를 가지고 있지 않다. "의지는 자유로운 의지에서 [죄의] 종이 된 의지가 되었다"(voluntas vero ex libera, facta est voluntas serva). 원죄의 결과로 의지의 속박은 영적인 것들에만 유효하다고 제시했다. 이 땅의 영역에서는 오직 제한된 본성적 지식의 능력만 남아 있다. 그러나 '중생한 자'는 하나님이 인간의 의지를 속박에서 자유롭게 하셨기 때문에, 하나님은 그 중생한 자가 선을 행할 수 있도록 이끄신다. 그럼에도 불구하고 그 중생한 자에게도 완전히 제거되지 못한 죄성 때문에 여전히 "연약함이 남아 있다" 그리고 각 신학적 주제의 흐름에 따라서 자연스럽게 작정론으로 연결된다(10장). 흥미롭게도 여기에서 이중 예정이 논의되지 않는다. 오직 선택론적 의미에서 예정은 구원을 위한 선택과 동일하게 이해되며, 그리스도 중심적으로 표현된다. 물론 인간의 공로는 구원의 은혜를 결코 얻을 수 없다. 유기(reprobatio)에 대한 질문은 매우 짧게 다룬다. 즉 유기자들(reprobi)은 그리스도 밖에(extra Christum) 있는 사람들로 규정된다. 특별히《스위스 제2 신앙고백서》의 구원론적 특성은 모든 사람의 구원에 대한 소망을 강조하는 것이다. 이 중심 진술은 다음과 같다. a. "하나님은 수단 없이 우리를 선택하시지 않았다. 우리 쪽의 어떤 공로 때문이 아니라 오직 그리스도 안에서 그분의 공로에 근거하여 우리를 선택하셨다." b. "하나님은 누가 자신의 소유인지를 아시고 또 선택받은 수가 적다고 여러 곳에서 언급되고 있음에도 불구하고, 우리는 모두 사람을 위한 최상의 것을 소망해야만 한다." 만약 예정의 참된 의미가 분명하게 알려진다면, 그것에 대한 이론적 사변이나 반대는 없을 것이다. 이 신앙고백서는 선택의 확신을 얻는 것과 관련하여 하나님이 정하신 통상적 방법, 즉 그리스도와 교제하는 삶의 실행을 언급한다. 이 교제는 우리가 생명책에 기록되어 있다는 견고하고 분명한 증거이다. 그리스도 안에서 실행된 은혜의 선택은, 칭의와 성화 속에서 인간의 결심을 수행하도록 함으로써 사랑 안에서 거룩함, 자녀됨, 하나님의 은혜에 대한 찬송을 열매맺게 한다. 끝으로 선택 교리 다음에 나오는 기독론은 그리스도의 위격과 사역을 특별히 길게 설명한다(11장). 이 장의 절반 이상은 초대교회의 정통신학을 존중하는 두 본성 교리를 소개한다. 두 본성의 연합과 관련하여 그리스도의 위격 안에서 신성과 인성은 섞이지 않으면서도 각 두 성의 고유성이 유지된다. 그리스도의 인성과 관련하여 시공간에 제한되는 특성은 승천의 장소적 이해를 강조하는 개혁파 신학의 독특성을 잘 드러낸다. 그리스도는 그분의 인성에 따라서 더 이상 땅이 아니라 (성만찬론의 중요한 진술인) "한 특정한 장소"에 있음을 묘사한다. 《스위스 제2 신앙고백서》의 다른 교리적 특징은 그리스도의 승귀를 설명하는 틀에서 산 자와 죽은 자를 심판하시기 위한 그리스도의 재림이 포함된 전체 종말론을 다룬다는 점이다. 그리스도의 사역에 대한 설명은 구속자(salvator), 구세주(servator), 그리고 메시아의 개념과 함께 간단히 설명한다.

《스위스 제2 신앙고백서》의 세 번째 주요 부분(12-16장)은 종교개혁 기간의 논쟁적 신학 사상을 분명하게 나타낸다. 즉 율법과 복음(12-13장), 회개와 회심(14장), 칭의(15장), 믿음과 선행이다. 이 장에서 가장 먼저 죄 인식에 관한 문제와 관련하여 율법을 다룬다(12장). 하지만 이 율법의 기능은 죄의 인식에만 국한되지 않고, 갈라디아서 3장 24절의 의미 안에서 교사로서, 그리스도에게로 인도하는(paedagogus ad Christus) 역할도 포함한다. 복음(13장)은 값없이 베푼 하나님의 은혜에 대한 기쁜 소식이다. 율법과 복음은 구별되지만, 이 둘의 관계는 대립적이지 않고 연속적인 관계를 가진다. 한편으로 율법의 시대에서도 영적 약속들이(promissiones spirituales) 포함되어 있었으며, 다른 한편으로 복음은 세상 처음부터 정해진 약속의 성취이기 때문이다. 율법과 복음 모두는 "하늘의 영원한 것들, 즉 하나님의 은혜, 예수 그리스도를 믿는 믿음을 통한 죄 용서, 영원한 생명" 등과 관련이 있다. 이 주제에서 결정적인 점은 성령의 현존이 언급되어 있지 않다는 것이다. 율법이 "성령 없이는 [...] 진노를 부르고 죄를 일으킨다." 그러나 성령에 의해 이해된다면, 율법은 하나님을 기쁘시게 하는 일들로 인도될 것이다. 다음으로, 회개와 회심(14장)은 율법을 통해가 아니라 복음과 성령을 통해 일어나는 신앙의 열매이다. 고해성사와 면죄부 시행에 대한 로마 가톨릭교회의 전통은 그리스도의 대속 사역을 근거로 거절되었다. (예배에서 행위와 복음 선포를 통한 사죄, 하나님 앞에서 각자의 죄에 대한 사적인 고백 등을 포함하여) 회개의 목적은 사람을 악에서부터 돌이켜 하나님께로 돌아오게 하고 생활을 교정시키는 데 있다. 덧붙여, 종교개혁의 칭의에 관한 교리(15장)는 그리스도를 통해 칭의를 받은 이유로 인간의 죄를 강조하지 않고, 오히려 하나님의 의를 만족시키신 그리스도의 의를 다룬다. 이 묘사의 경향은 사법·법정적인 면으로부터 그리스도와 교제 안에서 실행된 칭의의 효과적인 적용을 나타낸 것이다. 즉 바울의 '우리 밖에서'(extra nos) 발생한 구속 사역이 영원한 생명을 설명한 매우 중요한 본문인 요한복음 6장에서 확인된 요한의 '우리 안에서'(in nobis) 적용된 것을 의미한다. 칭의가 믿음을 통해 베풀어진 그리스도에 대한 참여로 이해하고 의의 전가와 의롭게 하는 의의 적용이 분리되지 않는다는 것을 말해 준다. 그래서 바울과 야고보 사이의 균형 문제는 다음과 같이 묘사된다. "우리 안에" 사시는 그리스도는 의롭게 하며 선행을 가져오는 "살아 있는 믿음"(fies viva)을 일으키고, 이 살아 있는 믿음은 "살리는 믿음"(fides vivificans)으로서, 즉 그리스도가 "자신 안에 사는"(intra se viventem) 자는 "선행"(opera iusta)으로 자신을 나타낸다.

마지막으로, 믿음과 선행의 주제는 16장에서도 계속 이어진다. "믿음은 효과적이며 활동적이다"(fides efficax et operativa) 라는 고백은 그리스도와 영적인 연합의 본질적 결과이다. 이러한 이해 속에서《스위스 제2 신앙고백서》는 선행을 종교개혁 사상에 통합하는 것을 시도한다. 선행의 성격이 구원의 여부를 결정하지 않고, 오히려 선행이 어떤 기초에서, 어느 정도까지 그리고 무엇을 목표로 행해야 하는가를 규정한다. 선행의 보상 문제는 그리스도와 성령의 토대 위에서 해결된다. 하나님은 우리에게 그분 자신의 은사로 관을 씌우신다. 성경의 상급(meres)과 로마 가톨릭교회의 공로(meritum)의 차이는 분명하게 구분된다.

구원론적 주제에 대한 설명 이후에《스위스 제2 신앙고백서》의 네 번째 주요 부분(17-30장)은 교회론, 성례론 및 실천신학적 문제를 다룬다. 특별히 이 실천적 주제는 어느 정도 삶의 실천적 변화와 관련된 독신의 상태, 결혼과 가정, 위정자에 대한 짧은 설명을 덧붙인다. 먼저, 교회와 교회의 직분을 설명한 17장과 18장은 이 신앙고백서에서 가장 방대한 내용이다. 교회는 "세상에서 부름 받아 모인 신자들의 무리(coetus fidelium)이며, 모든 성도의 공동체, 즉 말씀과 성령을 통해 그리스도 구주 안에서 하나님을 참되게 알고, 올바르게 예배를 드리며, 믿음 안에서 그리스도를 통해 값없이 제공된 은택에 참여한 사람들의 공동체이다." 삼위일체적 배경에서 교회의 머리이신 그리스도, 곧 유일한 중보자이자 목자에게서 나온 교회의 통일성에 관한 진술은 매우 중요하다. 이 통일성은 교회 예식의 획일성으로 드러나지 않고 교리와 신앙에 근거한다. 이 신앙고백서는 참된 교회를 인식하는 세 가지 필수적인 혹은 충분한 표지(signa vel notae ecclesiae, 교회의 표지 혹은 특징)를 설명한다.[26] 첫 번째 표지는 하나님의 말씀을 바르고 진실하게 선포하는 것(verbi Die legitima vel sncera praedicatio)이며, 그 규범은 정경인 성경이다. 두 번째 표지는 윤리적 성취와 혼동되지 않지만, 칭의와 성화에 대한 종교개혁사상과 강하게 묶여 있는 신자의 삶에 대한 실천들이다. 즉 "믿음과 성령 안에서 하나 됨", "하나님을 예배함", "매일 회개", "십자가를 지는 것", "이웃 사랑" 등을 포함한다. 마지막 표지는 "그리스도에 의해 제정되고, 사도들에 의해 전해진 성례에 참여하는 것"이다. 교회 직분자들(ministri ecclesiae)은 본질적으로 교회에 속한다(18장). 그들은 멸시받아서도 안 되며, 그들에게 너무 많은 영광이 돌려져서도 안 된다. 그들이 교회를 섬기는 일을 맡기 위해 훌륭하고 거룩한 교육, 경건한 웅변, 순진한 지혜, 분별, 존경받는 생활 등에 대한 일정한 적격성을 먼저 확인해야 한다. 그들의 직무는 다양하며 감동적인 방식으로 그려지고 있지만, 크게 하나님의 말씀을 선포하는 것과 성례를 집례하는 것으로 요약된다. "하나님의 비밀을 맡은 자요, 관리자"로서 교회 사역자는 "오직 선장의 뜻만 바라보는 노잡이", "완전히 자기 주인에게만 의무가 있는 몸

---

26　Bullinger, Dekaden 5, 1 (HBTS 3/2: 748), 불링거는 교회의 표지를 다음과 같이 설명한다: »Sunt autem primariae ac potissimae [sc. notae ecclesiae] duae: Praedicatio syncera verbi dei et legitima sacramentorum Christi participatio. Quod alii adiiciunt studium pietatis et unitatis, patientiam in cruce et invocationem nominis dei per Christum, ea in his duobus nostris comprehendimus«.

종"과 같다. 이 의미는 교회 직무에 대한 이해에 직접적으로 영향을 미치는데, 즉 그들의 직무에 대한 권한은 철저히 "완전한 능력의 소유자이신 분에게 제한"된다.

이 신앙고백서는 19-21장에서 성례론에 관하여 자세히 설명한다. 그것은 내용적으로 성례의 의미에 대한 긴 서론적 이해, 세례 그리고 성만찬으로 구성된다. 성례는 "신비한 상징, 거룩한 예식 그리고 성별된 실행"(symbola mystica, vel ritus sancti aut sacrae actiones)이다. 그것들은 말씀(verbum), 기표(signum)와 기표된 실제(res signata, 기의)로 이루어져 있는데, 이 성례를 통하여 하나님은 "교회에서 사람들에게 가르치신 그분의 가장 크신 은총에 대한 기억을 유지하도록 하고(retinet in memoria), 계속 새롭게 하신다(renovat). 또한, 자신의 약속들을 인치시고, 자신이 내적으로 성취하신 것을 외적으로 제시하시며(repraesentat), 우리의 눈으로 보게 하신다(oculis contemplanda subiicit). 그리고 우리 마음에 있는 성령 하나님의 역사를 통하여 우리의 믿음을 강화시키시고 자라게 하신다(roborat et auget)." 더욱이, 성례는 다른 사람들과 종교들과 구별하는 징표이자 하나님께 매임과 그분에 대한 의무의 징표이다. 이 때문에《스위스 제2 신앙고백서》는 전제된 신구약의 통일성 속에 할례와 세례 및 유월절 식사와 성만찬의 관계성에 근거하여 성례 안에서 하나님이 인간과 맺으신 은혜언약을 떠올리게 하는 기표를 우리의 눈으로 볼 수 있는 것으로 설명했다. 이뿐만 아니라, 성례의 저자는 인간이 아니라 오직 하나님이시다(author sacramentorum omnium, non est homo ullus, sed Deus solus). 하나님의 제정된 말씀을 통해 기표의 어떤 본질적 변화도 없지만, 기표와 기표된 실제(기의)의 성례적 연합(unio sacramentalis)이 있다. 그래서 쯔빙글리주의적인 교회·윤리규정을 넘어서서 성례의 구원론적 의미가 인정된다. 비록 하나님이 성례를 통해 일하시지만, 성례가 실제적인 은혜를 전달한다는 로마 가톨릭교회와 루터파 교회의 관점을 거절하였다. 오히려 성례는 믿음을 새롭게 하고, 강하게 하며, 보이지 않는 성령의 역사를 눈에 보이게 인치는 구원의 선물(은혜의 수단)이다.

《스위스 제2 신앙고백서》에서 신약시대의 세례와 성만찬에 대한 신약 성경의 증거는 성례의 실천적이며 목회적인 질문에까지 확장되었다. 즉 세례(20장)는 하나님 자신에게 기원을 가지며, 시간적으로 세례 요한에게서 처음 확인된다. 세례는 죄 용서, 중생, 하나님 백성의 일원이 되는 표징(signum initiale populi Dei) 그리고 거룩한 그리스도의 군대(sancta Christi militia)가 되는 표징의 의미로 묘사된다. 세례의 단회성과 충분성 때문에 견진성사나 다른 "인간들이 고안한 것"들을 통한 보충은 필요하지 않다. 유아세례를 반대하는 재세례파의 이설에 대해서 이 신앙고백서는 어린이들이 하나님의 언약에 포함되어 있기 때문에 언약의 표를 받는 것이 정당하다고 밝힌다.

당연히 성만찬(21장)의 제정자도 그 기원이 인간이 아니라, 오직 그리스도이신 성자 하나님이시다. 이 때문에 성만찬에도 구원의 의미가 부여된다. 이 거룩한 행위를 통해 "주님께서는 자신이 인류에게 보여 주신 영광스러운 은택을 새로운 기억 속에 보존하기(retinere in recenti memoria)를 원하신다." 여기에는 죄에 대한 하나님의 완전한 용서와 죽음으로부터 구속에 대한 '기억'뿐만 아니라 영원한 생명에 대한 종말론적 약속이 전제된다. 이 은택은 성만찬의 시행 때 다시금 갱신되며(renovatur) 인쳐진다(obsignatur). 아직 남아있는 설명의 가장 큰 부분은 그리스도의 임재와 성만찬 안에서 주님의 몸을 먹음에 대한 신학적으로 가장 논쟁적인 질문과 관련되어 있다. 즉 11장의 기독론과 일치된 이해 속에서 그리스도는 하늘에서 아버지 우편에 앉아 계시며, 이 때문에 그분은 몸으로 성례에 임재할 수 없다는 것이 그 내용의 핵심이다. 하지만 성만찬은 그리스도가 없는 예식이 아니다. 몸으로 부재할지라도(corporaliter absens), 영으로 임재하시기(spiritualiter praesens) 때문이다. 이 영적인 임재는 신적 본성의 임재로서 영적인 것이 아니라 성령의 임재로서 영적이다. 그리스도는 참된 하나님과 참된 사람으로서 임재하시며, 성령을 통해 성만찬 참여자들에게 그분의 살과 피를 먹이신다. 《스위스 제2 신앙고백서》는 이것에 관하여 태양을 실례로 들어 설명했다. 태양은 우리에게서 멀리 하늘에 있지만, 동시에 우리에게 지금 영향을 미친다. 주님의 몸을 "입으로 먹는 것"(manducatio oralis)은 자동적으로 거절되며, 성만찬의 요소를 어떤 "상상의 음식"(cibus imaginarius)으로 먹는 것도 아니다. 오히려 성만찬은 영적인 식사(manducatio spiritualis)로서, 즉 주님의 몸과 피가 그 본질과 특징을 유지하면서도 그리스도의 죽음을 통해 제공된 은택인 죄 사함, 구속 그리고 영생이 우리에게 영적으로 제공되는 것을 의미한다. 물론 이 영적인 식사는 믿음으로 영적인 이적이 일어나는 곳에서 성취된다. 음식은 몸 밖에 있는 한, 육체에 유익하지 않기 때문에 "그분이 우리의 것이 되고, 우리 안에 살며, 우리가 그분 안에 살기 위해 우리가 믿음으로 그리스도를 영접하는 것은 필수적이다(ita necesse est nos fide Christum recipere)." 신자들이 그리스도를 영접하는 것은 결코 성만찬에 제한되지 않으며, "언제든 어디서든 사람이 그리스도를 믿을 때" 항상 일어난다.

《스위스 제2 신앙고백서》는 영적인 먹음 외에 성례적인 먹음(manducatio sacramentalis)도 언급한다. 이 먹음은 믿음을 돕고 강화시키며 가능하게 하는 신자와 그리스도의 연합을 증명한다. 하지만 성례적인 식사는 구원에 필요한 기능을 제공하지 않는다. 이 기능은 오직 영적인 식사에만 돌려질 뿐이다. "육체를 [영적으로] 먹고 주님의 보혈을 마시는 것이 구원에 필요하니, 이 먹음과 마심이 없이는 아무도 구원받지 못한다." 그래서 불신자는 성만찬에서 표지는 받을 수 있지만, 성례의 실제(기의)는 받지 못한다. 즉 그에게 구원의 열매가 없는 것이다. 그러므로 주님의 식탁에 나오는 사람이 믿음에 서 있는지 살피는 것은 필수적이다.

끝으로 앞서 살펴본 교회론과 성례론으로 완전히 채워져 있는, 장들 옆에 나란히 교회생활과 교회규범의 원칙들을 다루는 장들이 붙어 있다. 예배와 교회출석(22장), 신자의 기도와 찬송, 기도 시간(23장), 축일, 금식, 음식 선택(24장), 아이들의 신앙교육, 환자 방문(25장), 장례와 죽은 자에 대한 바른 태도(26장), 종교의식들과 예식들(27장), 교회의 재산(28장), 교회 생활과 공공 생활 사이의 연결을 보여 주며, 비교적 단순하게 설명하고 있는 두 개의 주요한 주제인 독신과 결혼, 그리고 가정(29장) 및 위정자(30장)가 맨 끝에 위치한다. 특별히 29장 '독신과 결혼 그리고 가정'에 언급된 내용 중 주목할 점은, 로마 가톨릭교회의 사제와 수도사 독신제도를 비판한 것이며, 다른 한편으로 재세례파의 일부다처제를 비판한 것이다. 그리고 30장 '위정자'와 관련하여 강조한 것은, "위정자는 평화와 공적인 안정을 제공하고 유지하기 위해 하나님이 임명하셨다"라는 사실이다. 즉 하나님은 위정자에게 교회의 보호를 맡겼으며, 이 때문에 위정자의 칼의 힘, 즉 공적인 권세는 공적인 일들뿐만 아니라 교회의 진리 설교(praedicatio veritatis)와 순수 신앙(fides syncera)에도 기여한다고 밝혔다. 그러므로 당연히 국민으로서 그리스도인들은 위정자를 하나님의 종으로 높여 존경하고 사랑하며, 아버지를 위하는 것처럼 그들을 위해 기도할 의무가 있다. 하지만 그리스도인들이 위정자의 직무를 수행할 수 없으며, 위정자에게 맹세하는 일을 거부할 수 있다는 재세례파의 입장은 거절되었다.

# 3. 《스위스 제2 신앙고백서》의 영향[27]

《스위스 제2 신앙고백서》는 아우그스부르크 제국회의에서 별다른 역할을 하지 못했다. 그 대신 스위스 연방에 속한 개혁파 교회의 중요한 교리적 토대가 되었다. 그 적용은 교회 영역에만 제한되지 않고 정치, 사회, 문화에도 깊게 스며들었다. 국가교회 체계의 교육에서 세속 권력의 업무에도 유입되었으며, 정치적으로 유익을 주었다. 이러한 역할은 순수한 교리의 추구와 개인적 경건을 위한 노력이 사회와 개인의 삶을 개선시키려는 목적으로 연결되었다. 영적이고, 이와 동시에 정치적인 권세의 협력이 수십 년 간 지속되면서 이 신앙고백서는 초기 근대국가의 형성과 발전에도 기여했다. 이와 같이 진전된 발전에는 근본적으로 국민의 행복과 영적인 구원을 국가와 교회의 책임 아래 있다는 확신이 뒷받침하고 있다. (이것은 스위스에서 18세기 초까지 지속된 교파화 시대의 모든 신앙고백서와 각 지역의 특징이다) 18-19세기 전환기의 격변은 국가와 교회의 깊은 관계와 《스위스 제2 신앙고백서》의 의무에 대하여 점점 더 많은 의문이 제기되었다. 그럼에도 불구하고 이 주제들은 부분적으로 이전처럼 유효하였으며, 이 신앙고백서의 새로운 편집판에서 소생되기도 했다. 하지만 19세기 중반에 처음으로 스위스 개신교에 소위 낙관적이고 자유로운 교회 경향이 나타나면서 이 신앙고백서에 대한 의무는 암묵적으로 포기되었다.

27 《스위스 제2 신앙고백서》의 영향력에 대한 자세한 이해를 위해 다음의 글들을 참고할 수 있다: Pfister, Das Zweite Helvetische Bekenntnis in der Schweiz - Pfister, Kirchengeschichte, 306-308; Goeters, Die Confessio Helvetica Posterior in Deutschland - Courvoisier, Zweites Helvetisches Bekenntnis und die französischen Länder; Mecenseffy, Die Confessio Helvetica Posterior in Österreich - Nagy, Das Zweite Helvetische Bekenntnis in den osteuropäischen Ländern; Staedtke, Die historische Bedeutung; Campi, Die Bekenntnisfrage - Hein, Das Zweite Helvetische Bekenntnis und der Sandomirer Konsens - Stuber, Zur Wirkungsgeschichte.

《스위스 제2 신앙고백서》는 스위스 연방 밖에서도 널리 퍼졌으며 승인되었다. 스코틀랜드에서는 이미 1566년 9월에 글라스고(Glasgow) 총회의 모든 목사가 이 신앙고백서에 서명했다. 프랑스에서는 공식적으로 받아들여지지 않았지만 좋게 평가되었고, 동유럽에서 이 신앙고백서는 매우 중요한 것이 되었다. 폴란드에서는 1566년 가을에 작은 공작령 자토르(Zator)와 아우슈비츠(Auschwitz)의 두 노회에서 인정된 후에, 1570년 센도미르(Sendomir) 총회에서 폴란드어 번역판이 그곳 개혁파 교회의 신앙고백서로 공표되었다. 헝가리 개혁파 교회에서《스위스 제2 신앙고백서》는 가장 깊이 뿌리를 내렸다. 1567년 데브레첸(Debrečen) 총회에서 받아들여진 이래로 많은 헝가리어 번역이 출판된 것이 증명하듯이, 그곳 개혁파 교회는 오늘날까지도 이 신앙고백서와 함께 성장하고 있다. 1967년에 미국 연합장로교회는《스위스 제2 신앙고백서》를 신앙의 기초로 선언했다.

# 4.《스위스 제2 신앙고백서》의 신학적 특징

불링거의 사적인 고백서가 어떻게 이렇게 빠르고도 지속적으로 개혁파 신앙고백서의 한 중요한 문서가 되었을까? 이 질문은 당시 종교개혁의 영적 중심지가 취리히가 아닌 제네바였기 때문에 더 큰 비중이 있는 질문이다. 이 질문에 대한 대답은 이 신앙고백서의 저자와 내용에서 찾아볼 수 있을 것이다.

불링거는 자신의 시대에 쟁점이 되는 주제들을 전면에 드러내면서도, 자기 자신은 감추는 재능이 있었다. 그는 늘 자신의 유익보다는 전체의 유익을 위해 합당한 태도를 취했다. 불링거는《스위스 제2 신앙고백서》에서 "자신의 고유한 신학"을 전면에 내세우지 않고, 오히려 모든 교회를 위한 성경적 신앙 유산을 세웠다. 한 실례로, 그가 특별히 강조했던 언약 신학을 조심스럽게 다루었을 뿐만 아니라, 당시 취리히에서 가장 쟁점이 되었던 예정론도 모든 사람이 무난히 받아들일 수 있는 입장을 견지했다. 불링거의 예정론은 일반적으로 이중 예정의 구조를 띄고 있다.[28] 앞서 출판된《50편 설교집》에서 이렇게 기록하고 있기 때문이다. "예정은 하나님의 영원한 계획이니, 이로써 그분은 정해진 생명의 목적을 따라 인간을 구원하든지, 혹은 어떤 사람들에게 두신 정해진 죽음의 목적을 따라 결정하셨다."[29] 하지만 불링거는 쯔빙글리나 깔뱅과 다르게《스위스 제2 신앙고백서》에서 당시 사람들이 "예정론에 대한 논쟁을 순전히 호기심의 질문으로

---

28  이 주제는 여러 곳에서 비교적 자세하게 다루었다: Peter Walser, Die Prädestination bei Heinrich Bullinger im Zusammenhang mit seiner Gotteslehre, Zürich 1957; Walter Hollweg, Heinrich Bullingers Hausbuch. Eine Untersuchung über die Anfänge der reformierten Predigtliteratur, Neukirchen 1956, 286-338; Muller, Christ and the Decree, 39-47; Venema, Bullinger and Predestination; Strohm, Bullingers Dekaden und Calvins Institutio, 215-248, 239-242.

29  «Praedestinatio autem decretum dei aetemum est, quo destinavit homines vel servale vel perdere, certissimo vitae et mortis termino praefixo». 참고: Bullinger, Dekaden, Dek. 4, Pred. 4, 596,23-25.

생각한다"(8장)고 밝혔다. 어떤 사변적 움직임과 운명론을 단호하게 거절하면서 그리스도 안에 제공된 신적인 은혜의 보편성을 중심에 세운 것이다. 예정의 초점을 그리스도 안에서 선택되었다는 사실에 둔 것과 관련하여 목회적 권면의 그림이 떠오르는 것도 부인할 수 없다. 영원한 선택이나 유기에서 그리스도와의 교제가 결정적인데, 이 교제는 오직 믿음 안에서 실현된다.[30] 불링거의 전체 종교개혁 작품을 규정하는 듯한 온유한 정신이 이 신앙고백서에서 재발견된다. 이러한 사실은 이 신앙고백서가 왜 그렇게 중요한 문서가 되었는가에 대한 진짜 비결을 알려 준다.

《스위스 제2 신앙고백서》는 사도신경에 방향을 맞춘다. 그리고 취리히 종교개혁은 복음을 위탁받은 개혁운동으로 드러나는 목표를 추구한다. 이 개혁운동은 하나의 보편 교회에서 자신을 분리하는 것을 원치 않고, 이와 반대로 하나의 보편 교회를 강화하는 데 기여하기를 원한다. 불링거는 이 신앙고백서의 첫 장에서 "성경, 하나님의 참된 말씀"이라는 제목을 붙였다. 어떤 거부감도 들지 않도록 단순하게 진술했는데, 즉 "성경은 하나님의 말씀과 동일하고, 고유한 권위를 가지며, 신앙과 그리스도인의 삶의 모든 질문을 위한 유일한 규범

---

30  Bullinger, Dekaden – HBTS 3, Dek. 4, Pred. 4, 597, 5-10: «Finis autem, sive decretum vitae et mortis breve est et omnibus piis perspicuum. Finis praedestinationis vel praefinitionis Christus est dei patris filius. Decrevit enim deus servare omnes quotquot communionem habent cum Christo unigenitu filio suo, perdere autem omnes quotquot a Christi filii sui unici communione alieni sunt. Communionem vero cum Christo habent fideles, alieni a Christo sunt infidels.» - Locher, Bullinger und Calvin, 1-33, 여기서 23-28.

이자 충분한 모범(auctoritas sufficiens)이다.” 그리고 이 장에서 불링
거는 “하나님 말씀의 설교는 하나님 말씀이다”(Praedicatio verbi Dei
est verbum Dei)는 매우 유명한 진술도 확인시킨다. 이 진술은 하나님
의 말씀을 선포하는 자나 듣는 자에게 모든 초점을 성령의 역사, 즉 성
경과 일치하는 설교에 대한 성령의 역사에 놓은 것이다. 명백하고 근
본적인 성경의 우위성과 모든 교회와 신학사상 위에 있는 성경의 우
위성은 《스위스 제2 신앙고백서》의 특징이며, 1675년의 《스위스 일
치서》에서 정점에 달한 초기 개혁파 정통주의 입장을 알린 것이다.

《스위스 제2 신앙고백서》의 2장에서 성경은 교회를 통해서든 인
간을 통해서든 어떤 덧붙임도 (“그것들[인간의 글들]은 아름답게 들리는
표제들로 자신들을 장식할 수도 있다”) 필요하지 않다고 결론 내린다. 하
나님의 말씀은 “합법적으로 부름 받은 설교자들에 의해” 교회에서 선
포되어야 하며, 이 때문에 “믿음은 설교에서 나며, 설교는 그리스도
의 말씀으로 말미암는다.”(2장) 성경 해석을 위해 “거룩한 헬라 교부
들과 라틴 교부들”에게 조언을 받을 수 있으나, 그 내용이 “그들이 성
경과 일치하는 한”에서 유효하다. 궁극적으로 “우리는 성경 자체로부
터 얻은 해석만을 바른 믿음의 순수한 해석으로 인정한다.”(2장)[31]

성경의 단순한 우위성인 오직 성경(sola scriptura)은 종교개혁의
‘오직 그리스도의 말만 들어야 한다’(solus Christus audiendus)와 직접

---

31  깔뱅은 비슷하게 1539년부터 비슷하게 작성한다. in Institutio I,7.5. 불링거는 이미
    1538년에 이런 입장을 주장했다: Bullinger, De scriptura, HBTS 4, 22-25 (Bullinger
    Schriften, 2, 25-30).

적으로 연결된다.[32] 이 성경적 좌우명은 불링거가 1528년에 작성한 《베른 10개 조항》과 거의 유사하다. "거룩한 교회는 그의 유일한 머리가 그리스도이시고, 하나님의 말씀으로부터 세워졌으며, 어떤 낯선 사람의 소리도 듣지 않는다."[33] 이 좌우명의 신학적 특징은 1934년 《바르멘 신학 선언》의 첫 번째 논제에서도 확인된다. "예수 그리스도는 그분이 성경에서 우리에게 증거 하신 것처럼 하나님의 유일한 말씀이신데, 우리는 이 말씀을 들어야 하며, 이 말씀을 죽으나 사나 신뢰하고 따라야 한다. 우리는 교회가 선포된 말씀의 출처로서 이 유일한 하나님의 말씀 밖이나 가까이에 있는 다른 사건들과 능력들 혹은 다른 인물들과 사실들을 하나님의 계시로 인정하거나 수용해야 하는 거짓 교리를 거절한다."[34] 이 사실은 불링거의 좌우명이 시대를 초월한 의미를 가지고 있다는 것을 대변해 준다.

그러나 불링거가 하나님 말씀의 겸손한 종이요, 개혁파 개신교 건축가로서 성경에 충실하려고 애썼음에도 불구하고 어떤 흠결도 없었던 것은 아니다. 교파화(Komfessionalsierung)의 시작은 트리엔트 가톨릭주의와 다른 교회와 신학의 흐름에서 신중하게 선을 긋는 데서 나타난다. 이러한 경계설정은 역사적 관점에서 신학적으로 필요했던 만

---

32    Cyprian과 연결, ep. 63,14. 참고로, Bullinger, Bullinger, De scriptura, HBTS 4, 72 (= Bullinger Schriften 2, 103).

33    Reformierte Bekenntnisschriften, hg. v. Heiner Faulenbach u. Eberhard Busch, Bd. 1/1: 1523-1534, Neukirchen-Vluyn 2002, 203.

34    Die Barmer Theologische Erklärung. Einführung und Dokumentation, hg. v. A. Buregsmüller und R. Weth, Neukirchen 1983, 34.

큼 이해될 수 있다. 하지만 이와 반대로 재세례파에 대한 수많은 거친 판단은 무척 낯선 것이 사실이다. 불링거의 날카로움은 어떤 새로운 신학적 논증을 가져오지 않았지만, 신앙고백으로까지 끌어올려 교조화됨으로 인하여 국가교회의 영향력을 지나치게 강화했다. 아마도 취리히 종교개혁자가 오늘날 공개적으로 직면했을 이 오류는 우리의 태도와 신학이 "성경에 신실하게" 수행될 때라도 완벽하지 않다는 사실을 깨닫게 한다. 우리의 지식은 어떤 관점 안에 닫혀 있고 제한적이며, 유한하기 때문이다. 오직 "참된 하나님의 말씀"만이 영원히 영속하다.

칭의 교리의 논쟁적 입장에서 불링거의 논증 방식은 독자적인 특별함을 보여 준다.[35] 15장 '참된 신자들의 칭의'에서 근본적으로 종교개혁의 입장을 고수하면서도, 칭의를 외적인 의 혹은 낯선 의로서 이해하며, 정죄의 판결로부터 무죄로 선언된 것임을 밝힌다. 하지만 불링거는 기독교 교리를 칭의 교리에 강하게 집중시키는 루터의 방식을 공유하지 않는다. 트리엔트 종교회의의 첫 회기 이후에 변화된 신학적 질문의 강조 아래서, 불링거는 분명하게 '칭의'를 오직 하나님을 통해 수행되는 성화와, 그리스도와 영적으로 교통하는 새로운 생명을 포함하는 복합적인 현상과 대등하게 취급했다. 즉 칭의를 요한의 개념에 연결하여 '하나님의 양자'됨(adoptio)과 삶의 가능성과 변화(vivificatio)로 설명한 것이다.[36] 이렇게 볼 때, 불링거의 결정적인 신

---

35    최신 연구는 다음과 같다: Borrows, Christus intra nos vivens, 48-69; Opitz, Bullinger als Theologe, 215-315; Strohm, Frontstellungen, 2, 537-572; Fesko, Beyond Calvin, 173-187; Leppin, Transformationen, 5-9; Timmerman, Bullinger on Prophecy.

36    Bullinger, Dekaden – HBTS 3, Dek.1, Pred. 6, 70, 4-7: "Quis ergo non videat iustifi-

학적 성취는 분명하다. 그는 칭의 과정에서 하나님의 유일하신 능동성과 인간의 수동성을 강조하는 동시에 하나님이 인간에게 선사하신 필수적인 결과로서 성화를 선언한 것이다.[37] 이 두 측면이 불링거에게 서로 구분되지만, 루터보다는 훨씬 더 긴밀히 연결된 것도 사실이다. 하지만 여기에서 성화에 대한 선물로서의 성격이 생략되어 있다면, 그것은 (개혁파 개신교가 항상 피할 수 있었던 단순한 위험성은 아니었던) 새로운 율법주의의 길을 열게 되는 것과 같다는 것도 주목해야 한다.

## 나오며

불링거는 "하나님의 참된 말씀" 아래 《스위스 제2 신앙고백서》 전체를 놓음으로써 사고를 확장하면서도 교파적 편협성은 예방할 수 있었다. 이 신앙고백서는 이 사실을 분명하게 공개적으로 드러낸다. 널리 알려지지 않은 서문(몇몇 신앙고백서 모음집에서 한 번도 인쇄조차 되지 않았다)은 성경과 일치뿐만 아니라 초대교회 전통과 연합을 강조하고 있다. 그리고 프랑스, 독일, 영국, 다른 나라들의 기독교 신앙의 주요

---

cationem in hac disputatione Pauli pro adoptione usurpari? ... Ex quibus omnibus planum fit quaestionem de iustificatione aliud non continere quam modum et rationem beatificandi, nempe per quid aut quomodo remittantur hominibus peccata, recipiantur autem in gratiam et in numerum filiorum dei.. .."; ebd., 69, 3233-: "Ergo est iustificatio vitae absolutio a peccatis, liberatio a morte, vivificatio, seu translatio a morte in vitam".

37   Burrows, Christus intra nos vivens, 48-69.

부분들과 완전히 일치한다는 것도 분명히 밝히고 있다. 이뿐만 아니라, 이 신앙고백서는 스위스 종교개혁 신학이 자유를 사랑하는 편에서 있다는 것을 확신케 한다. 복음의 진리가 보존된다는 전제 아래서자기의 고유한 신앙고백서를 사용하고 여러 관례와 예식을 따를 수있는(varietas in loqutionibus, et modo expositionis doctrinae, in ritibus item vel caeremoniis) 자유가 개별 교회에 주어져 있다는 것을 말한다.[38] 실제로 이 문제는 스위스 종교개혁의 중요한 관심사 중의 하나였다. 그리스도의 몸에 대한 바울의 모범(롬 12:5)을 따라 하나의 신앙에 대한 일치와 표현 방식의 다양성 안에 있는 하나 된 기독교를향한 소원이다. 신앙 교리의 주요 부분이 사도신경과 다른 개신교 교리와 아주 가깝게 연결되어 있다면, 스위스 종교개혁은《스위스 제1신앙고백서》와 같은 중요한 문서에서 서로의 차이를 이해하고 인정하도록 하는 분위기가 이미 형성되어 있었던 것이다.

---

38    CHP, 269, 13-25 : «Colligent itaque et illud, nos a sanctis Christi ecclesiis Germani-
ae, Galliae, Angliae, aliarumque in orbe Christiano nationum, nephario schismate
non seiungere atque abrumpere: sed cum ipsis omnibus et singulis, in hac confessa
veritate Christiana, probe consentire, ipsasque charitate syncera complecti. Tamet-
si vero in diversis Ecclesiis quaedam deprehenditur varietas, in loqutionibus, et
modo expositionis doctrinae, in ritibus item vel caeremoniis, eaque recepta pro
Ecclesiarum quarumlibet ratione, opportunitate et aedificatione, nunquam tamen
ea, ullis in ecclesia temporibus, materiam dissensionibus et schismatibus, visa est
suppeditare. Semper enim hac in re, Christi ecclesiae usae sunt libertate. Id quod
in historia Ecclesiastica videre licet. Abunde piae vetustati satis erat, mutuus ille in
praecipuis fidei dogmatibus, inque sensu orthodoxo et charitate fraterna, consen-
sus.»

# Die gantze Bibel

der vrsprünglichē Ebraischen
vnd Griechischen waarheyt
nach/auffs aller treüwli:
chest verteütschet.

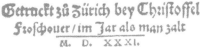

Getruckt zů Zürich bey Christoffel
Froschouer / im Jar als man zalt
M. D. XXXI.

# 5

## 1549년 불링거와 깔뱅의
## 교회 일치를 위한 문서:
## 《취리히 합의서》

박상봉

## 들어가며

종교개혁은 처음 사도적 가르침의 정통신앙에서 벗어난 로마 가톨릭 교회로부터 참된 교회를 회복하기 위해 독립적인 신앙체계를 가진 개신교를 출현시켰다. 곧바로 종교개혁자들로부터 급진적인 개혁을 요구하는 재세례파들과 다시 분리되었다. 이 교황주의자들과 급진주의자들에 맞서 힘든 싸움이 전개된 동시에, 당시 대내외적인 정치적 불안 가운데 개신교 내의 성만찬에 대한 신학적 불화로 루터와 쯔빙글리가 각자의 독자적인 길을 걷게 되었다. 그 결과로, 루터파 교회와 개혁파 교회가 출현했다. 이러한 흐름 속에서 다른 도시들보다 제네바가 훨씬 뒤늦게 종교개혁을 결의했음에도 불구하고 깔뱅의 깊이 있는 신학적 감화로 또 다른 신학적 지류가 형성되었다. 일반적으로 처음 독일 남부와 스위스에서 쯔빙글리의 주도 아래 이루어진 종교개혁의 특징에 따라 개념화된 개혁파 교회에서 '쯔빙글리주의(Zwinglianismus)'와 구별되는 '깔뱅주의(Calvinismus)'가 발생하였다.[1] 물론 이 둘

---

1   Otto E. Strasser, Der Consensus Tigurinus, 「Zwingliana」IX (1949), 2-3.

의 의도치 않았던 분열에도 그 중심에 성만찬론이 놓여 있었다. 이러한 교회분열 속에 16세기 중반의 유럽 대륙은 신학적으로, 교회적으로 그리고 정치적으로 종교개혁이 시작된 첫 시대보다 훨씬 혼란스러워졌다.

1545년 트리엔트 종교회의(Trienter Konzil)로부터 반종교개혁의 진전이 시작되었으며, 루터파 진영은 스위스 종교개혁자들을 향해 지속적인 비판을 가하였다. 이러한 상황은 정치적인 급박한 상황들과 맞물려 개혁파 교회의 일치를 자극하는 동시에, 취리히와 제네바 사이의 성만찬론에 관한 직접적 논의가 가능하도록 이끌었다. 사실, 당시 성만찬 이해는 종교개혁 이래 개신교 내에서 신학적 문제의 중심에 서 있었다. 그리고 종교 행위에 대한 실천적인 대상으로서 신앙 생활에도 직접적인 영향을 미쳤다. 한 실례로, 깔뱅이 1548년 6월 26일에 불링거에게 보낸 편지에서 확인할 수 있다. 즉 취리히 교회가 스트라스부르크(Strassburg)에 머물며 공부하는 유학생들에게 그들이 출석하는 교회에서 시행되는 성만찬에 참여하지 못하게 했다는 기록이다.[2] 종교개혁의 사상과 위배되는 신앙고백을 강요하지 않았음에도 불구하고, 스트라스부르크 교회가 1536년에 《비텐베르크 일치서》(Wittenberger Konkordien)에 서명했던 마르틴 부처(Martin Bucer)의 성만찬 신학을 존중한 것은 루터의 영향 아래 있다고 간주되

---

2   W. Baum, E. Cunitz und E. Reuss, ed. Ioannis Calvini opera quae supersunt omnia, Bd. XIX, Braunschweig 1863-1900 (이하 CO.), 729: "Nam aliquando conquestus est vos adulescentibus Tigurinis, qui Argentinae agebant, usum sacrae coenae in ea ecclesia interdixisse, quum tamen non alia ab ipsis confession quam vestra exigeretur."

었기 때문이다. 실제로 성만찬과 관련된 이런 긴장감은 종교개혁 당시 개신교 내에서 드러난 현실적인 신앙 문제였음을 짐작해 볼 수 있다.

루터와 쯔빙글리 사이의 성만찬론 갈등은 1529년 말부르크 종교 회의(Malburger Religionspraech)에서 끝내 합의에 이르지 못하였다. 그럼으로써 처음 1555년 9월 29일 로마 가톨릭교회와 루터파 교회는 합법적인 지위를 인정받게 되었지만, 개혁파 교회, 재세례파(와 개신교 이단들), 유대교가 거절된 '아우그스부르크 종교평화협정'(Augsburger Religionsfriede)[3]을 발생시켰다. 그리고 1551년부터 1562년까지 깔뱅 과 요하힘 베스트팔(Joachim Westphal) 사이에 주도적으로 이루어진 소위 '두 번째 성만찬 논쟁'을 예견했다. 이와 함께 루터파 교회와 개 혁파 교회 간에 그리스도 임재 방식과 관련된 기독론 논쟁으로도 비 화하였다. 이러한 개신교 내의 분열로 먼저 루터파 교회와 개혁파 교 회 사이에 신학적, 교회정치적인 긴장 관계가 고착되어 갔다. 그 결 과 두 교회는 교리적, 교회규범적, 관습적인 부분에서 점차 간격이 더 크게 벌어졌다. 이뿐만 아니라 종교적인 생활방식, 인간성(윤리 성), 문화적인 특징 등에서 각자의 고유성이 강화된 교황파 교회, 루 터파 교회 그리고 개혁파 교회의 숙명적인 '신앙교파화'(Konfession-alisierung)가 현실화되었다.[4] 각 교파들의 신학적 정체성에 따라 고유

---

3    Augsburger Religionsfriede, Lexikon der Reformation, hg. Klaus Ganer & Bruno Steiner, 3. Aufl., Freiburg žBasel žWien: Herder, 2002, 45-48.

4    Heinrich R. Schmidt, Konfessionalisierung im 16. Jahrhundert, in: Enzykl. Deutscher Geschichte, Bd. 12, München: Oldenbourg Wissenschaftsverlag, 1992 & Ernst W. Zeeden, "Grundlagen und Wege der Konfessionsbildung im Zeitalter der

한 신앙고백과 교회가 형성된 것이다.

1549년 《취리히 합의서》(Consenus Tigurinus)[5]는 의심의 여지 없이 불링거와 깔뱅 사이에 합의된 성만찬 신학의 열매일 뿐만 아니라, 당시 신앙교파화의 가속화에 기여한 신앙고백서로 간주된다. 이 성만찬 문서는 루터파 교회의 입장에서 볼 때 개신교 내에서 루터파 교회와 개혁파 교회가 완전히 단절되는 원인으로 작용한 것이 사실이다.

---

Glaubenskämpfe", in: Historische Zeitschrift 185 (1958), 249-299.

5  원본: CONSEN / SIO MVTVA IN RE / SACRAMENTARIA MINI- / strorum Tigurinae ecclesiae, & D. Io- / annis Caluinis ministri Geneven- / sis ecclesiae, ⋯ ⋯ TIGVRI EX OFFICINA / Rodolphi Vuissenbachij. / M.D.L.I.. (Heinrich Bullinger Werke, 1. Abt.: Bibliographie, Beschreibendes Verzeichnis der gedruckten Werke von Heinrich Bullinger, bearb. Joachim Staedtke, Bd. 1-3, Zuerich: TVZ, 1972 (이하 HBBibl I), 624-650; 취리히 중앙 도서관: Sign. D 263 / III N 157 / Ms. S 71.); Jean Crespin에 의해 인쇄된 제네바 문서 (제네바 중앙 도서관: Sign. Bc 888); 깔뱅의 비서인 Charles de Joinvillier에 의해 필사된 문서 (제네바 중앙 도서관: Sign. Ms. Fr. 145, S. 87r-94r); 편집된 문서들: CO. VII, 733-748; Joannis Calvini opera selecta, hg. Peter Barth, Wilhelm Niesel und Dora Scheuner, Muenschen: Chr. Kaiser, 1926-1959, 2, 246-258; Régistre de la Compagnie des pasteurs de Genève au temps de Calvin 1546-1533, Bd. 1, hg. von Jean-François Bergier, Genève: Droz, 1962, 64-72; Calvin-Studiengabe, hg. Eberhard Busch u.a., Bd. 4, Neukirchen-Vluyn: Neukirchener, 2002 (이하 CStA.), 12-16; Reformierte Bekenntnisschriften, hg. im Auftrag der Evangelischen Kirche in Deutschland von Heinrich Faulenbach und Eberhard Busch, Bd. 1/2 (1535-1549), Neukirchen-Vluyn: Neukirchener, 2006 (이하 Bekenntnisschriften 1/2), 481-490; Müller E. F. Karl, Die Bekenntnischriften der reformierten Kirche, Leipzig: Deichert, 1903, 159-163, Consensus Tigurinus, hg, Emidio Campi & Ruedi Reich, Zuerich: TVZ, 2009, 75-170 (라틴어, 독일어, 프랑스어 원본) / 184-268 (독일어, 프랑스어, 이탈리아어, 영어 현대어 번역본). 이 합의서가 《Consensus Tigurinus》라는 명칭을 갖게 된 것은 19세기 때이고, 16세기 당시 일반적으로 라틴어는 《Consensio mutual in re sacramentaria》으로, 독일어는 《Einhelligkeit》으로 그리고 프랑스어는 《Accord》으로 알려졌다. Georg Benedict Winer, Comparative Darstellung des Lehrbegriffs der verschiedenen christlichen Kirchenpartheien: nebst vollständigen Belegen aus den symbolischen Schriften derselben in der Ursprache, Leipzig: Reclam, 1824, 18.

하지만 개혁파 교회의 입장에서 그렇게만 보기에는 다소 무리가 있다. 개혁파 교회는 교회일치를 위하여 비텐베르크에 여러 차례 문을 두드렸지만 아무 성과도 기대할 수 없었기에 쯔빙글리주의와 깔뱅주의로 분열된 스위스 내의 개혁파 교회의 일치에 집중하면서《취리히 합의서》를 도출해 내었다. 이렇게 볼 때, 이 성만찬 문서는 당시의 급박한 정치적 현실을 극복하고자 하는 면에서 불링거든 깔뱅이든 분열된 교회를 일치시키려는 교회연합적인 의지와 노력의 결과물이라 할 수 있다. 그럼으로《취리히 합의서》는 종교개혁시대의 다양한 교파적인 교회들 사이의 교회연합적인 노력과 관련하여 표명되어야 그 가치를 정확히 이해할 수 있을 것이다. 불링거와 깔뱅이 상호 교회연합의 열망이 컸기 때문에 교회-외교적인 평화문서로서 이 신앙고백서가 도출될 수 있었음을 기억해야 한다.

이 글의 주된 초점은《취리히 합의서》의 구체적인 신학 사상에만 놓여 있지 않다. 불링거와 깔뱅이 합의한 성만찬 신학의 기본적인 내용과 더불어 교회-교리사적인 맥락에서 이 문서의 발생 전후로 확인된 신학적이고 교회정치적인 이해관계 및 가치 측면에도 많은 관심을 기울였다. 사실,《취리히 합의서》의 신학적 내용을 구체적으로 살피기 위해서는 이 문서뿐 아니라 발생 배경으로서 불링거와 깔뱅이 작성한 다양한 문서들도 함께 연구해야 한다. 1548년 6월 26일에 깔뱅이 불링거에게 보낸 서신과[6] 불링거의 답변서로서 1548년 11월 불

---

6   원본: 취리히 문서보관소, Sig. E II 386, 6-8v; CO. XII, 726-731.

링거가 깔뱅에게 보낸 24조항문,[7] 1549년 1월 21일 깔뱅이 취리히로 서신과 함께 첨부한 20조항문,[8] 1549년 3월 15일 불링거가 작성한 20조항문,[9] 1549년 3월 12일 베른 총회(Berner Synode)에 제출한 제네바 신앙고백서[10] 등이다. 다음 기회에 이 문서들의 비교와 평가 속에서 《취리히 합의서》의 더 깊은 신학적 내용을 살피는 기회가 있을 것이다. 이 글은 아직 한국 교회에 생소한, 종교개혁 당시 교회-외교적인 역사 속에서 취리히와 제네바 사이의 성만찬 합의를 통해 이루어진 교회 연합의 중대한 사건을 살펴보는 데 목적이 있다. 바른 신학에 서 있는 '보편 교회'(catholica ecclesia)를 이루기 위해 불링거와 깔뱅이 실천적 헌신을 한 점을 살펴봄으로써, 오늘날 한국 교회가 직면한 개 교회주의를 극복할 수 있는 의미 있는 성찰을 얻을 수 있을 것이다.

---

7    원본: 취리히 문서보관소, Sig. Ms. F 80, 242r-249r; CO. VII, 693-700.

8    원본: 취리히 문서보관소, Sig. E II 348, 458r-460v; CO. XIII, 164-166.

9    원본: 취리히 문서보관소, Sig. E II 347, 318-324v; CO. VII, 709-716.

10   원본: 취리히 문서보관소, Sig. E II 337a, 390r-395v; CO. XIII, 216-218.

# 1. 1549년 성만찬론 합의 이전까지 불링거와 깔뱅의 관계

16세기 초까지 프랑스어권 스위스 서부지역은 독일어권 중동부지역과 신학적으로나 정치적으로 별다른 연계가 없었다. 깔뱅은 스트라스부르크에서 마르틴 부처와의 짧은 만남을 가진 후 1535년 1월에 도착한 바젤에서 처음으로 독일어권 종교개혁자 오스발트 미코니우스(Oswald Myconius)와 시몬 그레니우스(Symon Grynaeus)를 대면했다. 1536년 초 이미 개신교 내에 널리 알려져 있었던 불링거와 깔뱅의 첫 대면도 이 도시에서 이루어졌다.[11] 이 시기는 깔뱅이 도망자의 신분으로 바젤에 머물며 개혁파 교회의 고전이 된 『기독교 강요』 초판을 저술한 때였다. 깔뱅은 1536년 1월 31일부터 2월 4일까지 열린 첫 번째 스위스 개혁파 신앙고백서인 《스위스 제1 신앙고백서》(Confessio Helvetica Prior)의 작성을 위해 스위스 모든 개혁도시에서 바젤로 온 종교개혁자들과 대면하는 기회를 가졌다. 취리히의 불링거와 레오 유드(Leo Jud), 베른의 카스퍼 메간더(Kasper Megander) 외에 상갈렌(St. Gallen), 샤프하우젠(Schaffhausen), 비엘(Biel), 뮬하우젠(Muehlhausen) 그리고 콘스탄츠(Konstanz)에서 각 지역을 대표하는 종교개혁자들이 모였다.[12]

---

11  필립 샤프, 박경수 역, 『스위스 종교개혁』, (서울: 크리스챤다이제스트 2004), 282.

12  Ernst Saxer (ed), *Confessio Helvetica Prior von 1536*, in: *Reformierte Bekenntnisschriften* (1/2),

깔뱅이 기욤 파렐(Guillaume Farel)의 영혼을 뒤흔든 권유로 제네바에 머물게 된 이후 1537년 9월 3일 처음으로 깔뱅의 주도 아래 삼위일체의 신학적 내용과 관련하여 제네바 목회자회와 취리히 목회자회 사이에 서신교환이 이루어졌다.[13] 이 서신에 대한 답변서가 1537년 11월 1일 취리히 목회자회의 이름이 아닌 불링거 개인의 이름으로 깔뱅과 파렐 앞으로 전달되었다.[14] 이때로부터 깔뱅이 죽은 해인 1564년까지 불링거와 깔뱅은 서신을 통한 의견교환을 지속하였다. 1564년 4월 6일 날짜가 적힌 깔뱅의 마지막 편지가 불링거에게 전달되었다. 제네바 종교개혁자는 글의 서문에서 취리히에 있는 오랜 벗에게 오랫동안 침묵한 것에 대해 사과하면서 그 이유가 자신의 병듦과 관련된 것임을 밝혔다. 통증 때문에 숨 쉬는 것도 힘들 뿐만 아니라 호흡 역시 매우 짧아졌음을 밝히면서 통증이 자신을 게으르게 만들고 있다고 담담하게 서술했다.[15] 불링거와 깔뱅이 27년 동안 교류

---

33-68.

13  제네바 목회자회가 취리히 목회자에게 보낸 서신 (*CO*. X, 119-123).

14  *CO*. X, 127-128.

15  깔뱅이 불링거에게 (*CO*. XIX, 282 ff.): "S. Diuturni silentii veniam non peto, observando frater, quia per alios tibi innotuit quam iusta foerit cessandi excusatio, quae hodie quoque magna ex parte durat. Quanquam enim sedatus est lateris dolor, sic tamen fi egmatibus obruti sunt pulmones ut difficilis et concisa sit respiratio. Calculus iam duodecim dies vesicam occupat, estque valde infestus. Accedit anxia dubitatio, quia nullis medicamentis hactenus abigi potuit. Optimum compendium esset equitatio: sed ulcus in venis hemorrhoicis sedentem quoque et in lecto iacentem acerbe cruciat, tantum abest ut equi agitatio mihi sit tolerabilis. Podagra quoque hoc triduo molesta mihi fuit. Non miraberis itaque si tot dolores me ignavum reddant. Ad cibum sumendum aegre compellor. Yini sapor amarus. Sed dum volo officio perfungi nihil aliud quam taedii materiam tibi adfero." (박상봉, "종교개혁 시

한 서신은 총 285통이나 된다.

첫 만남과 서신교환 이래로 시시때때로 신학적이고 정치적인 긴장이 존재했음에도 불구하고, 1549년 5월 말 성만찬 합의가 이루어진 순간까지 불링거와 깔뱅은 10여 년이 훨씬 넘는 시간을 다양하게 교류하였다. 깔뱅은 불링거와 서신교환 중에도 취리히를 방문했었다. 1547년 2월 성만찬일치를 위해 취리히를 방문하기 이전, 이미 두 번이나 취리히에 들렀던 것이다. 제네바에서 추방되던 1538년에 취리히를 방문했을 뿐 아니라, 박해 아래 놓인 왈도파(Waldenser) 문제를 논의하기 위해 1545년에 불링거를 방문했던 것이다.[16] 취리히 합의서를 위한 걸음 전에도 두 사람 사이에 모든 의견이 일치하지 않았음에도 깔뱅과 불링거의 관계는 매우 긴밀하게 유지되고 있었음을 알 수 있다. 제네바 의회가 1541년 9월 13일 추방 중에 있는 깔뱅을 다시 돌아오도록 다른 지역의 교회들과 함께 취리히 교회에 지원을 요청했을 때, 취리히 교회가 깔뱅의 귀환을 위해 적극적인 역할을 감당한 것도 이를 뒷받침한다. 1541년 4월 5일 취리히 교회는 귀환을 요청하는 서신을 스트라스부르크의 목회자회와[17] 깔뱅에게[18] 각각 보냈다. 취리히 의회도 오순절 기념주일이 지난 첫 화요일에 깔뱅의 귀

---

대 서신 교환을 통해 본 Heinrich Bullinger의 초상", 「교회와 문화」25(2010년 여름호), 100-101.

16　Fritz Buesser, *Heinrich Bullinger (1504-1575), Leben, Werk und Wirkung*, Bd. II, Zürich: TVZ, 2005, 118-119.

17　CO. XI, 183-185.

18　CO. XI, 185-188.

환을 요청하는 외교적인 서신을 스트라스부르크 의회 앞으로 송부했다.[19] 물론 불링거는 《취리히 합의서》를 제정하기까지 성만찬 이해와 관련하여 루터의 입장을 지지한다는 의심을 받는 부처의 영향력 아래 깔뱅이 있다고 하면서, 깔뱅의 신학적 신뢰에 대한 심리적인 경계를 늦추지 않은 것은 부인할 수 없는 사실이다.[20] 그럼에도 불구하고 불링거는 교회일치를 위해 깔뱅과 함께 지속적으로 동행했다. 교통이 발달하지 못한 시대를 감안하면, 1549년 5월 말 성만찬 합의를 위한 마지막 방문 때까지 깔뱅이 제네바로부터 거의 300km 떨어진 취리히를 다섯 번이나 방문했다는 사실에 주목해야 한다. 의심할 여지 없이, 깔뱅이 당면한 시대적인 문제들에 대해 얼마나 적극적으로 대응했는가를 말해 준다. 그리고 깔뱅이 불링거를 여러 긴급한 교회 사안들과 관련하여 긴밀한 대화를 나눌 수 있는 신실한 동역자로 인정하고 있었다는 사실을 확인해 준다.

---

19  *CO*. XI. 233-234.

20  Frans Pieter van Stam, *Das Verhaehltnis zwischen Bullinger und Calvin waehrend Calvins erstem Aufenthalt in Genf*, in: Calvin im Kontext der Schweizer Reformation, Historische und theologische Beitraege zur Calvinforschung, hg. Peter Opitz, Zuerich: TVZ, 2003, 39.

## 2. 불링거와 깔뱅 사이의 성만찬론 합의 과정

깔뱅은 1541년에 쓴 《성만찬에 관한 소론》에서 지금까지의 성만찬 논쟁과 관련하여 루터와 쯔빙글리 양쪽 진영의 공통적인 오류를 지적했다. 특별히 이 두 사람 사이에 진리를 이해하고자 상대의 입장을 진지하게 경청하는 인내가 부족했음을 밝혔다.[21] 1544년 8월에 루터가 《성만찬에 대한 짧은 신앙고백서》를[22] 통해 쯔빙글리, 외콜람파디 그리고 다른 동역자들에 대한 새로운 비방과 논쟁을 재개했을 때, 깔뱅은 양 진영이 화해하기 위해서는 더욱 실천적인 노력이 필요한 것을 절감했다. 1544년 11월 25일 깔뱅이 불링거에게 보낸 서신에서 루터를 향한 분노를 자제해 줄 것을 권면하면서 종교개혁에서의 루터의 중대한 역할과 의미를 역설했다.[23] 하지만 이러한 노력은 기대에 미치지 못한 채 그다지 성과도 내지 못했다. 불링거는 취리히 교회의 요청에 따라 1545년에 루터를 대응하여 《취리히 교회의 참된 신앙고백서》를[24] 출판했기 때문이다. 물론 이 신앙고백서가 루터와의 관계

---

21 Kleiner Abendmahlstraktat (1541), in: CStA. 1.2, 491.

22 D. Martin Luthers Werke. Kritische Gesamtausgabe, Bd. 54, Weimar: Verlag Hermann Böhlaus Nochfolger, 1906-61, 141-167.

23 CO. XII, 772-775.

24 원제목:《Warhaffte Bekanntnuß der dieneren der kilchen zu Zuerych / was sy vß Gottes wort / mit der heyligen allgemeinen Christenlichen Kilchen gloubind vnd leerind / in sonderheit aber von dem Nachtmal vnsers herren Jesu Christi: mit gebuerlicher Antwort vff das vnbegruendt ergerlich schaechen / verdammen vnd schel-

를 더욱 멀어지게 한 것은 사실이지만, 그로부터, 불과 4년 후에 완성될《취리히 합의서》의 실현과정에서 중요한 문서로서 기여한 점을 기억해야 한다.[25] 참고로 불링거는 루터의 사망 후, 곧바로 멜란히톤에게 진심어린 애도의 서신을 보내고, 비텐베르크 종교개혁자 루터의 용기와 헌신을 존중하는 마음을 밝혔다. 불링거는 이 서신에서 한 인간으로서 루터에 대한 서운한 감정도 감추지 않았다.[26] 비텐베르크와 취리히 사이의 이 해묵은 신학적이고 감정적인 간격은 어느 한쪽이 자신의 성만찬 입장을 포기하지 않는 한 결코 좁히기 쉽지 않은 상태였던 것이다.

이러한 현실 속에서 깔뱅은 처음에 비텐베르크와 성만찬에 대한 합의를 이뤄낼 희망으로 전략적이면서 매우 적극적인 헌신의 태도로 임했다. 하지만 서로의 간격을 좁히기 쉽지 않음을 깨닫고 자신의 시선을 취리히로 돌려야 했다. 비록 비텐베르크와 성만찬 합의를 이룰 기대를 완전히 저버리지는 않았지만 말이다. 이때 깔뱅은 신학적 현안과 함께 시급하고 절박한 교회정치적인 문제도 매우 세심하게 고려한 것으로 알려져 있다. 직접적으로는 당시 개신교 지역에서 왈도파를 박해하는 위협적인 상황 때문이었지만, 제네바 종교개혁자는

---

ten D. Martin Luthers / besonders in sindem letsten buechlin / Kurtze bekenntniß von dem heiligen Sacrament / ganannt / vßgangen. … …》(HBBibl I, 161-163); Andreas Mühling, Zuercher Bekenntnis, in: Reformierte Bekenntnisschriften (1/2), 449-465.

25  Strasser, Der Consensus Tigurinus, 6.

26  Buesser, Heinrich Bullinger (1504-1574), Leben, Werk und Wirkung, 152-153..

성만찬에 대한 관심사도 함께 논의하기 위해 1547년 2월의 매서운 추위에도 불구하고 직접 취리히를 방문했다.[27] 불링거는 깔뱅과 서로 대면한 자리에서 신학적이고 교회정치적인 모든 사안들과 관련하여 지속적이고 긴밀한 서신교류를 제안했다. 그리고 1545년 말에 작성된, 아직 인쇄하지 않은 자신의 성만찬에 관한 새로운 저술인 《주 그리스도와 보편 교회의 성례에 관하여》를 제시했다.[28] 이 문서는 불링거가 성도들의 성만찬에 대한 바른 이해를 돕기 위해 저술한 것으로써, 앞서 출판된 《취리히 신앙고백서》보다는 루터에 대한 직접적인 논박 없이 좀 더 온화하고 발전적인 내용으로 기술하였다. 하지만 깔뱅은 이 문서에 충분히 동의하지는 않았다. 깔뱅은 제네바로 돌아간 즉시 1547년 2월 25일 이 문서에 대한 비평적인 서신을 불링거에게 보냈다.[29] 그 이후 8월 13일 제네바에서 다른 서신도[30] 보냈지만 취리히에서는 아무런 반응을 보이지 않았다. 서로의 입장 차이 때문에 한동안 대화가 단절된 것이다.

---

27 Frintz Blanke & Immanuel Leuschner, *Heinrich Bullinger: Vater der reformierten Kirche*, Zuerich: TVZ, 1990, 217-218.

28 *HBBibl* I, 183. 이 저술은 1551년 영국에서 요한 라스코(Johnannes a Lasko)에 의해 출판되었다. (*Heinrich Bullingers Diarium (Annales vitae) der Jahre 1504-1574. Zum 400. Geburtstag Bullingers am 18. Juli 1904, Quellen zur Schweizerischen Reformations-geschichte*, hg. Emil Egli, Bd. II, Basel 1904, 26-30.)

29 *CO.* XII, 480-492. 일반적으로 이 저술은 1547년 2월 초 깔뱅의 방문 때 불링거에 의해 제공된 것으로 알려져 있다. 하지만 깔뱅이 제네바로 귀한 이후 이 서술을 읽고 그에 대한 비평적 서신을 기록한 때가 1547년 2월 25일이기 때문에, 그가 이미 취리히 방문 전에 우편을 통해 이 저술을 받았을 가능성 역시도 열려 있다(Strasser, *Der Consensus Tigurinus*, 7).

30 1547년 8월 13일 깔뱅이 불링거에게 보낸 서신 (*CO.*, XII, 590-591.).

1548년 3월 초, 깔뱅이 서신을 보내면서 제네바와 취리히 사이에 새로운 서신교환이 재개되었다.[31] 5월 25일 오랫동안 침묵을 지킨 불링거가 답신을[32] 한 이래로, 같은 해 두 도시 사이에 여섯 번의 서신들이 오갔다. 더 나아가 깔뱅은 같은 해 오순절날 파렐과 함께 다시 취리히에 모습을 드러냈다. 물론 이 만남은 성만찬 논의보다는 베른을 통해 로잔(Lausanne)에서 위협받고 있는 비레(Viret)의 사역에 대한 염려가 컸기 때문이었다. 먼 곳에서 온 두 종교개혁자는 취리히 의장에게 감정이 격해 있는 베른 의회에서 비레에 대한 중재를 요청했다.[33] 1548년에 교류한 서신들 중 가장 중요한 것은 6월 26일 깔뱅이 불링거에게 자신의 구체적인 성만찬 입장을 표명하여 보낸 서신이다. 이것은 성만찬의 이해에서 불링거와 깔뱅을 신학적으로 매우 가깝게 만들었으며, 마침내 서로 함께하는 사고의 유연성을 발휘하여 1549년《취리히 합의서》를 산출하게 만들었다. 의심의 여지 없이, 성만찬 합의를 위해 불링거보다는 깔뱅이 훨씬 더 적극적으로 움직인 것을 부인할 수 없다. 깔뱅의 적극성은 불링거와 성만찬에 관한 지속적인 대화를 잇기 위한 노력이었다.[34] 이러한 과정을 통해 두 종교개혁자 사이에 성만찬 신학에 대한 이견을 좁히는 신뢰 관계를 형성할 수 있었다.

---

31  *CO.* XII, 665-667.

32  *CO.* XII, 705-707.

33  Strasser, *Der Consensus Tigurinus*, 7.

34  Peter Opitz, *Leben und Werk Johannes Calvins*, Goettingen: Vandenhoeck & Ruprecht, 2009, 122.

물론 깔뱅을 향한 불링거의 신뢰는 성만찬 신학에 관해 지속적인 논의를 가능하게 하였으나 결코 일방적인 것은 아니었다. 취리히 교회는 쯔빙글리를 비난했던 비텐베르크 교회에 대해 불편한 감정이 있었다. 그리고 스위스 종교개혁 도시들을《비텐베르크 일치서》에 가입시키기 위해 앞서 스위스 내에서《스위스 제1 신앙고백서》를 통해 합의된 공동체적인 사안을 무효화시킨 부처의 성만찬에 대해서도 오랜 불신이 있었다. 이 때문에 불링거(와 취리히 목회자회)는 가장 먼저 깔뱅에게 루터의 성만찬 이해에 대한 분명한 판단과 부처의 성만찬 이해에 대한 독립성을 확인할 필요가 있었다.[35] 1536년 3월에 루터파 교회와 연합에 대한 노력 속에서 첫 번째 스위스 개혁파 교회의 신앙고백서인《스위스 제1 신앙고백서》가 - 바젤에서는《바젤 제2 신앙고백서》(Confessio Basileensis posterior)로 명칭된 - 작성되었다. 이때 큰 영향력을 행사했던 부처가 같은 해 5월, 쯔빙글리를 따르는 스위스 도시들을 자신의 주도적인 역할 아래 작성된《비텐베르크 일치서》에 가입시키고자 시도했다.[36] 하지만 쯔빙글리 영향 아래 있는 스위스 도시들과 비텐베르크 사이에 충분한 신학적 논의가 이루어지지 않은 상태에서 부처의 일방적인 노력은 허사로 돌아갔다. 스위스 교회들

---

35  Opitz, Leben und Werk Johannes Calvins, 122.

36  Ernst Saxer, Bullinger, Calvin und der《Consensus Tigurinus》, in: Der Nachfolger. Heinrich Bullinger (1504-1575). Katalog zur Ausstellung im Grossmünster Zürich 2004, hg. Emidio Campi u.a., Zürich: TVZ, 2004, 91.《Wittenberger Konkordie》에는 다음의 네 독일남부 종교개혁 도시들이 가입을 하였다: 스트라스부르그, 콘스탄츠, 린다우(Lindau) 그리고 멤밍엔(Memmingen).

은 이 문서가 표면적으로 루터와 쯔빙글리의 성만찬 신학의 조화 속에 작성되었다고 해도 내용 면에서 -특별히 신앙이 없는 사람도 성만찬에 참여할 수 있다는 조항과 관련하여- 지나치게 루터 쪽으로 기울어진 것으로 간주했다.[37] 당연히 부처는 루터주의자로 의심받았으며, 그의 성만찬 이해 역시 루터의 영향 아래 있는 것으로 인식되었다.[38] 항상 교회의 일치를 생각하며 중용의 길을 걸었던 스트라스부르크 종교개혁자 마르틴 부처는 스위스 교회들로부터 신뢰를 잃게 되었다.

이러한 배경 속에서 1548년 6월 26일 불링거에게 보낸 서신에서 깔뱅은 자신의 성만찬 이해가 부처의 영향 아래 머물러 있다는 의혹을 풀기 위해 직접적으로 해명할 수밖에 없었다. 깔뱅은 부처의 불명료함을 인정하는 동시에 부처가 교회의 일치를 위해 지금까지 수고한 노력에 대해서는 인정해 줄 것을 호소했다. 깔뱅은 "부처가 -이 서신에서 깔뱅이 성만찬 입장에 대해 제시한- 내용에 서명을 한다면, 어떤 근거로 부처와 거리를 두어야 하는가?"라고 반문하면서 부처를 향한 깊은 애정을 내비쳤다. 깔뱅은 자신이 부처를 미워하거나 혹은 개인적으로 자신에게 베푼 그의 호의에 대해 침묵한다면, 하나님의 교회에 크나큰 잘못을 행하는 것과 같다고 말했다. 깔뱅은 부처가 결코 성만찬 일치를 위한 노력에 반대하지 않을 것이라는 깊은 신뢰 가운데

---

37  Wittenberger Konkordie, in: Lexikon der Reformation, 823-825.

38  빌헬름 노이저, 김성봉 역, 『깔뱅』 (서울: 나누며 섬기는 교회 2000), 161. 부처는 관대함과 포용력을 지닌 종교개혁자였다. 한때 취리히 신학자들이 그의 헌신에 대해 스트라스부르그를 '종교개혁의 안식처'로 불렀다는 것을 기억할 필요가 있다(샤프, 스위스 종교개혁, 307).

모두가 함께 교회에 유익이 되는 길을 걷기를 기대한 것이다.[39] 물론 이 서신에서 깔뱅은 로마 가톨릭교회의 화체설(Transsubstantiation)과 루터주의의 공재설(Konsubstantiation)을 반대한다는 것도 분명히 밝혔다. 이 설득력 있는 호소를 통해 부처를 향한 깔뱅의 진심이 불링거에게 존중되었을 뿐만 아니라 깔뱅이 성만찬과 관련하여 루터주의적인 성향을 가지고 있다는 혐의도[40] 풀렸다.

불링거는 이 서신에 언급된 깔뱅의 성만찬 입장을 24조항으로 요약해서 베른에 있는 요한 할러(Johannes Haller)에게 보냈다.[41] 기대했던 결과는 뒤따르지 않았지만, 불링거와 깔뱅은 주변의 동역자들을 설득하면서 성만찬에 대한 서로의 관심사를 향해 한걸음 더 가까이 다가서게 되었다. 이렇게 볼 때, 노이져 교수가 쓴 『깔뱅』에서 성만찬 합의와 관련하여 "불링거가 계속하여 결정을 연기하였다"는 평가는,[42] 지금까지 살펴본 대로 깔뱅에 대한 불링거의 오랜 신뢰 관계의 형성과도 깊은 연관이 있다는 것을 기억해야 한다. 불링거는 루터와 쯔빙글리의 경험을 거울삼아 매우 신중하게 접근했다는 것을 알 수

---

39  CO. XII, 729: "Quin etiam animadverti pridem gravari nos ea communicatione quae nobis cum Bucero intercedit. Sed obsecro te, mi Bullingere, quo iure nos a Bucero alienaremus, quum huic nostrae confessioni quam posui subscribat? Ego virtutes et raras et permultas, quibus vir ille excellit, in praesentia non praedicabo. Tantum dicam me ecclesiae Dei gravem iniuriam facturum, si hunc vel oderim vel contemnam. Taceo ut de me privatim sit meritus. Et tamen sic eum amo et colo, ut libere quoties visum est moneam. Quanto ipsius de vobis querimonia iustior censebitur?"

40  Saxer, Bullinger, Calvin und der 《Consensus Tigurinus》, 90-91.

41  Strasser, Der Consensus Tigurinus, 7.

42  노이져, 깔뱅, 162.

있다.

이뿐만 아니라, 당시 교회정치적인 상황도 깔뱅이 불링거와 깊은 대화를 하도록 영향을 끼쳤다. 제네바 교회와 베른 교회 사이의 긴장 관계는 깔뱅이 당시 교회정치적인 영향력을 발휘할 수 있게 하기 위하여 취리히 교회 의장(Antistes)인 불링거의 지원을 요청하게끔 몰아갔다.[43] 깔뱅의 제네바 귀환 후 성만찬에 대한 신학 논쟁은 베른과 그의 영향력 아래 있는 주변 지역들 내에서 교회정치적인 갈등의 중요한 부분을 차지하고 있었다. 1546년에 베른 교회 의장인 에라스무스 리터(Erasmus Ritter)의 자리에 요도쿠스 키르마이어(Jodocus Kirch-meier)가 새롭게 선출된 것으로 말미암아 교회정치적으로 큰 변화가 발생하였다.[44] 지난 10여 년 동안 성만찬의 이해에 있어 루터적이며, 가깝게는 부처적인 입장에 있던 베른 교회의 분위기가 쯔빙글리적인 입장에 더 가까운 분위기로 바뀐 것이다. 결과적으로 청년기의 스트라스부르크의 부처와 볼프강 카피토(Wolfgang Capito)에게서 영향을 받고, 1536년에 비텐베르크를 방문한 이래 스위스에서 《비텐베르크 일치서》의 대리자로 간주되었던 시몬 슐처(Simon Sulzer)가 1548년에 베른에서 바젤로 떠나야만 했다. 베른의 새로운 신학적 방향은 제네바의 이웃에 위치한 바트(Waadt) 지역에서 깔뱅과 그의 영향을 받은 목회자들에게 교회 관습과 출교에 관한 이전의 분쟁들뿐만 아니

---

43    Saxer, Bullinger, Calvin und der 《Consensus Tigurinus》, 90.

44    Carl-Bernhard Hundeshagen, Die Conflikte des Zwingianismus, Lutherthums und Calvinismus in der Bernischen Landeskirche von 1532-1558, Bern: Verlag von E. A. Jenni, Gohn, 1842, 197-199.

라 성만찬 이해에 대한 긴장감까지 발생시켰다. 로쟌 학교
(Kolloquium) 학장으로 봉직하던 쩨베데(Zébédée)가 1548년에 비(非)
쯔빙글리적인 성만찬를 표명한 것과 관련하여 자신의 동료 비레를
베른 의회에 고소한 것이다. 그 결과로, 베른 의회와 깔뱅의 관계는
새로운 갈등으로 치달았다.[45] 베른 지배 아래 있는 바트 지역의 비레
와 다른 프랑스 목회자들에게 공공연하게 영향을 주었던 제네바 종
교개혁자는 성만찬 신학과 관련하여 베른 의회의 시각 속에 루터주
의나 부처주의로 기울어 있다는 의심을 받게 된 것이다. 과거의 국면
처럼 이 상황 역시 신학적 문제와 직접적으로 관련이 있다기보다는,
깔뱅과 베른 정부 사이의 신뢰 문제와 더 깊은 관련이 있었다. 베른
의회는 깔뱅과 직접적으로 대화하는 어떤 기회도 허용하지 않았다.
한 실례로, 1549년 3월 12일 깔뱅이 불링거로부터 서면 동의를 받아
20조항으로 정리된 성만찬을 기록한《제네바 신앙고백서》를 베른 의
회에 제출했을 때에도,[46] 이 의회는 이미 내부적으로 당면한 교회 문
제들의 논의를 위해 같은 달에 개최할 총회에 깔뱅의 참여를 허락하
지 않겠다는 결정을 내린 상태였던 것이다.[47] 제네바에 머물고 있는
깔뱅의 위치는 베른과의 첨예한 갈등 속에 한시도 평안할 수 없었

---

45  1548년 1월 비레에게 보낸 깔뱅의 편지 (CO. XII, 661-662). 같은 시기에 이에 관한 사
    건을 언급한 다른 인물의 편지도 확인된다: 취리히 교회에 보낸 베아투스 코메스(Beatus
    Comes)의 편지 (CO. XII, 214).

46  Strasser, Der Consensus Tigurinus, 8.

47  1549년 3월 7일에 할러가 불링거에게 보낸 편지 (CO. XIII, 214).

다.[48] 깔뱅은 먼저 이러한 현실을 극복하고자, 베른과 우호적인 관계를 맺고 있고 직간접적인 영향을 주고 있는 취리히의 원조를 시도하였다. 깔뱅에게 있어 베른과 취리히 사이의 협력적 관계는 제네바와 바트 지역의 정치적인 안정을 보장해 주는 필요한 선택이었다. 그리고 프랑스에서 핍박받고 있는 개신교도들(Hugenotten)의 원조를 받을 좋은 기회가 되기도 했다.[49] 실제로, 제네바와 성만찬에 대한 신학적 일치가 이루어진 때로부터 불링거는 베른 목회자회를 향하여 모든 교회 문제에 대해 깔뱅의 입장에 서서 언제나 적극적인 변호를 해 주었다.[50]

불링거의 입장에서도 베른과 제네바 사이의 정치적인 안정은 매우 중요한 사안이었다. 그 실례로, 1545년 로마 가톨릭교회의 트리엔트(Trient) 종교회의 소집을 통한 세력의 재규합, 1547년 독일에서 시작된 슈말칼트 전쟁에서 개신교도들의 참패, 1548년 5월 15일에만 한시적으로 사제들의 결혼과 평신도들의 성만찬 분병이 허락된 과도 법령의 공포(Erlass der Interim)와 같은 급변적 사건들은 스위스 교회들의 연합을 위해 간과할 수 없는 사안이었다.[51] 더욱이, 1548년 10월 신성로마제국의 황제 칼 5세(Karl V.) 군대가 스위스 경계에 위치한 콘스탄츠를 점령했을 때, 불링거는 이러한 절박한 상황에 대처할 수

---

48  Hundeshagen, Die Conflikte des Zwingianismus, Lutherthums und Calvinismus in der Bernischen Landeskirche von 1532-1558, 233-238.

49  Strasser, Der Consensus Tigurinus, 8; Saxer, Bullinger, Calvin und der 《Consensus Tigurinus》, 91.

50  *CO.* XV, 256.

51  Saxer, Bullinger, Calvin und der 《Consensus Tigurinus》, 91.

있도록 스위스 개신교 연합에 관한 실제적인 방안을 간구해야만 했다. 무엇보다도 성만찬에 대한 이해문제로 분열된, 스위스 개신교 내의 프랑스어권과 독일어권 교회들의 일치를 현실화시키는 것이 그에게는 최우선이 될 수밖에 없었다.

취리히와 제네바는 이러한 모든 배경 가운데 신학적이고 교회정치적인 문제들을 지속적으로 발생시키는 성만찬에 대해 서로를 향한 진지한 접근을 시도했다. 이미 불링거와 깔뱅뿐만 아니라 동료 사이에도 지속적인 교류가 있었기 때문에 성만찬 합의를 능동적으로 실행에 옮길 수 있었다. 하지만 서로의 합의를 눈앞에 둔 시점에서 불링거는 베른 교회의 설득과 관련된 교회정치적인 이유로 깔뱅과의 성만찬 합의를 좀 더 연장하기를 희망하였다. 1549년 5월 7일 깔뱅이 최종합의를 위해 다시 취리히를 방문하겠다고 알린 서신에[52] 대해 불링거는 1549년 5월 21일 답변서에서[53] 베른과의 관계 때문에 방문을 수용할 수 없다고 조심스러운 입장을 드러낸 것이다. 하지만 깔뱅은 이 서신을 받기도 전에 파렐과 함께 이미 취리히로 출발했기 때문에 불링거의 입장 표명은 소용이 없게 되었다. 1549년 5월 말의 환영받지 못한 깔뱅의 방문은 취리히와 제네바 사이에 마지막 성만찬 신학에 대한 차이점이 합의될 수 있는 전화위복의 결과를 낳았다. 서로 논의를 시작하고 서명을 하기까지 걸린 시간은 불과 두 시간 정도밖에 되지 않았다고 한다.[54]

---

52    CO. XIII, 266-269.

53    CO. XIII, 279.

54    1549년 6월 12일에 깔뱅이 미코니우스에게 보낸 편지 (CO. XIII, 456-457).

# 3. 《취리히 합의서》의 신학

## 1) 불링거의 성만찬론 특징

성만찬에 대한 불링거의 첫 관심은 1524년 카펠 수도원의 교사로서 쯔빙글리를 처음 만났을 때부터 시작되었다.[55] 그럼에도 불링거의 성만찬에 대한 이해는 처음부터 쯔빙글리의 그늘 아래에만 머물러 있지 않았다.[56] 불링거는 기념과 성도의 교제가 함께 한 성만찬의 상징적인 이해를 중심에 둘 뿐만 아니라, 1529년 이래로 표명되어 온 성만찬의 은혜적인 특징과 그리스도의 영적 현존을 강조한 쯔빙글리의 입장도 함께 존중했다. 불링거는 자신의 언약신학의 기초 위에 (주님의 몸과 피의 상징으로 빵과 포도주를 나타내는) 표지(signum)와 (주님의 대속의 죽음으로 찢기신 몸과 흘리신 피를 나타내는) 실재(res)를 강하게 연결

---

55  Patrik Müller, Heinrich Bullinger: Reformator, Kirchenpolitiker, Historiker, Zue-rich: TVZ, 2004, 24.

56  Peter Stephans, The Sacraments in the Confessions of 1536, 1549, and 1566 – Bullinger's Understanding in the Light of Zwingli's, 「Zwingliana」 XXXIII (2006), 73-76. Peter Stephans은 이 글에서 성만찬 이해에 대한 쯔빙글리와 불링거의 차이를 다음과 같이 서술하였다: a) One of the clearest differences in sacramental theology between Zwingli and Bullinger is that in Bullinger it is God who is the subject of the sacraments. b) There are other differences, most notably the role of election and that of the Holy Spirit. c) One of the more surprising differences between Bullinger and Zwingli is in the use of the word instrument (instrumentum). d) The similarities as well as the differences between Zwingli and Bullinger can be seen in their use inward and outward and comparable terms.

시킨 성만찬 입장도 자신만의 고유성으로 유지했다.[57] 덧붙여, 불링거는 유월절 식사(Passahmahl)와 성만찬을 구약과 신약의 통일성에 근거하여 하나님이 인간과 맺은 은혜언약으로 시선을 이끌며 또 구원의 의미가 수반된 표지적인 사건으로 묘사하였다.[58] 그리고 성만찬을 하나님 말씀의 가시적인 표지로서 이해하는 동시에, 그리스도의 구속 사역에 근거하여 믿음을 통해 구원을 주시는 하나님의 은혜언약에 대한 약속의 인(Siegel)으로도 인식했다. 이러한 입장은 1536년에 작성된《스위스 제1 신앙고백서》에서도 확인할 수 있다. 특별히 여기에서 불링거는 영적이고 살아 있는 양식으로 그리스도의 몸을 먹는다는 개념으로서 '신비적인 먹음'(coena mystica)에 대한 인식을 새롭게 드러냈다.[59] 이 때문에 성례를 거룩하고 영적인 행사로서 이해하였다. 물론 루터가 주장한 그리스도의 육체적인 임재나 로마 가톨릭교회가 주장한 구원의 선물로서 성례의 실재론적 이해는 거부되었다. 이때로부터 이 '신비적인 먹음'의 개념은 다양한 서신들과 함께 불링거의 성만찬에 관한 글에서[60] 발견된다. 1545년에 루터의 새로

---

57　Emidio Campi, Consensus Tigurinus: Werden, Wertung und Wirkung, 12.

58　불링거의 성만찬에 대한 초기 글들:《De sacrifitio missae 1524》(Heinrich Bullinger, Theologische Schriften, Bd. 2, bearb. Endre Zsindley, Hans-Georg vom Berg & Bernhard Schneider, Zuerich: TVZ, 1991 (이하 HBTS 2), 39-40과《De institutione eucharistiae 1525》(HBTS 2, 89-100). Joseph C. McLelland, Die Sakramentenlehre der Confessio Helvetica Posterior, in: Glauben und Bekennen, Beiträge zu ihrer Geschichte und Theologie, hg. Joachim Staedtke, Zuerich: TVZ, 1966, 371.

59　23. Eucharistia, Confessio Helvetica Prior von 1536, in: Reformierte Bekenntnisschriften (1/2), 65-66.

60　《De scriturae sanctae authoritate 1538》(HBBibl I, 111-112; Heinrich Bullinger

운 비방에 대한 논증을 정리한 《취리히 교회의 신앙고백서》에서도 확인할 수 있다. 이 문서에서는 그리스도의 임재 개념을 과거보다 더욱 선명하게 제시하였다. 즉 그리스도의 임재에 대해 영적으로 (geistlich) 더욱 구체적인 이해를 가지고 서술하였다는 점에 주목할 필요가 있다.[61]

불링거는 1545년 말에 평신도들의 성례에 대한 바른 이해를 위해 《주 그리스도와 보편 교회의 성례에 관하여》를 서술했다. 이 문서가 앞서 쓰인 《취리히 신앙고백서》보다 더욱 강조하는 것은 성령을 통한 성례의 효과와 관련하여 은혜의 수여를 더욱 분명하게 말했다는 데 있다. 물론 성례의 외적인 실행이 성령의 효과를 일으킨다는 것을 의미하지 않는다.[62] 여기에서도 불링거는 깔뱅과 거의 흡사하게 이미 외콜람파디와 후기 쯔빙글리에 의해 언급된 성령에 대해 강조한 성만찬 교훈을 지지했다. 그리고 불링거는 이 새로운 문서에서 표지와

---

Schriften, Bd. 2, hg. Emidio Campi, Zuerich: TVZ, 2006, 205-214), 《De origine erroris in negocio eucharistiae ac misae 1539》(HBBibl I, 10-26; Heinrich Bullinger Schriften, Bd. 1, hg. Emidio Campi, Zuerich: TVZ 2006, 269-415) 그리고 《Kommentar zum Matthaeusevangelium 1542》(HBBibl I, 114-152).

61  Zuercher Bekenntnis, in: Reformierte Bekenntnisschriften (1/2), 460: "Christum und besitzen im gloeubigen und hertzen, ist eigentlich und heyter zereden anders nüt dann teilhafft syn des geists der gnaden und gaaben ouch der erloesung Christi, und alles durch den glouben besitzen und haben. Dann ye der herr Christus der da oben im himmelen ist, wirt nit lyblich hienieden in hertzen von uns herumb getragen. ⋯ Welcher sine gebott haltet, in dem blybt er, und er in im: unnd darby wüssend wir dass er by uns blybt und wonet, by dem geist den er uns geben hat." (Campi, Consensus Tigurinus: Werden, Wertung und Wirkung, 14.)

62  Campi, Consensus Tigurinus: Werden, Wertung und Wirkung, 16-17.

실재를 강하게 연결한 초기의 입장을 조금 수정하였는데, 즉 '표지'(signum)와 '실재'(res) 혹은 '표지된 실재'(res signata)를 분명하게 구별하여 설명하였다.[63] 이 개념은 《취리히 합의서》에서도 잘 반영되었을 뿐만 아니라 불링거의 《50편 설교집》에서도[64] 구체적으로 확인된다. 베른의 쯔빙글리주의자들과 구별되는 불링거는 쯔빙글리의 성만찬 이해에 대한 깔뱅의 비판적인 시각에도 불구하고 깔뱅을 더 깊이 이해하기 위한 노력을 지속적으로 견지했다. 깔뱅이 『기독교 강요』 초판에서 믿음을 강하게 붙들어 주는 성례의 은혜적인 특징을 분명하게 규정할 때, 불링거는 성령의 사역에 근거한 믿음과 연결하여 성만찬의 효력을 잘못 이해하고 있는 것을 교정하는 일에 더욱 집중했다.

1547년 2월에 깔뱅이 취리히를 방문했을 때 제시한 이 《주 그리스도와 보편 교회의 성례에 관하여》는 깔뱅과 불링거가 성만찬 합의를 구체화할 수 있는 중요한 실마리를 제공했다. 이 문서에 대한 깔뱅의 비판적인 답변 때문에 한동안 두 사람 사이에 침묵이 있었던 것

---

63 취리히 합의서에는 '실재'(res)와 '표지된 실재'(res signata)가 동시에 사용되었다. (Campi, Consensus Tigurinus: Werden, Wertung und Wirkung, 14.)

64 Sermonum Descades quinque, de potissimis christianae religionis capitibus, in tres tomos digestae, authore Heinrycho Bullingero, ecclesiae Tigurinae ministro, Zürich, Christoph Froschauer 1552, 892. 특별히 불링거는 여기에서 '표지된 실재'(res significata)를 다음과 같이 이해했다: "Caeterum intelligibile et res significata, interna et coelestis est ipsum corpus traditum pro nobis et sanguis effusus in remissionem peccatorum adeoque redemptio nostra et communio, quam habemus cum Christo et omnibus sanctis et quam habet ille in primis nobiscum. … … E diverso appellamus ipsas res significatas internas, non quod res ipsis inclusae signis lateant, sed quod internis animi facultatibus per spiritum dei concessis percipiuntur."

은 사실이지만, 결과적으로 깔뱅이 성만찬 이해에서 불링거에게 더 가까이 다가설 수 있는 계기가 되기도 하였다. 1548년 3월과 5월에 불링거와 깔뱅의 서신교환의 재개를 통해 직접적으로 취리히 합의에 도달할 수 있도록 사고의 유연성을 제공했기 때문이다. 그뿐만 아니라, 불링거가 1547년 2월에 작성한 이 문서는 깔뱅이 1548년 6월 26일에 작성한 자신의 서신에서 성만찬 입장을 전향적으로 정리할 수 있게 자극을 주었다고 볼 수 있다. 물론 칼 5세의 위협적인 정치적 상황도 불링거와 깔뱅이 이전보다도 서로에 대해 더욱 깊이 이해할 수 있는 대화의 장으로 이끌어냈다..

## 2) 깔뱅의 성만찬론 특징

1546년 이래로 제네바의 다양한 논쟁의 긴장 속에서도 깔뱅의 시각은 결코 그 울타리에만 머물러 있지 않았다. 제네바 너머로 첨예하게 벌어지고 있는 당시의 종교적인 일들에도 관심을 기울였다. 깔뱅은 오랫동안 독일과 스위스 개신교를 갈등 상황으로 치닫게 하며, 신학적, 교회정치적으로 이해관계가 깊이 얽혀 있는 성만찬 논쟁에 대해 모범적인 역할을 감당하길 원했다. 깔뱅은 바젤에 정착하기 전 이미 프랑스의 개혁적인 성향을 가지고 있던 성경인문주의 영역(Kreis des Bibelhumanismus)에서 루터와 쯔빙글리의 성만찬 논쟁의 핵심을 인식할 수 있었다. 깔뱅은 1528년 이래 자크 르페브르 데타플(Jacques

Lefèvre d'Étaples, 1450-1536)의 신학 사상에 근거한 프랑스 성경인문주의 영향을 직간접적으로 받았다.[65] 깔뱅이 시편 주석 서문에서 언급한 자신의 "갑작스러운 회심(subita conversion)"에 대해 분명한 근거를 밝힐 수는 없다 해도, 이 복음주의적 영향이 그의 회심에 대한 역사적 단초를 제공하였다는 것에는 의심의 여지가 없다.[66]

---

65  Emil Doumergue, Jean Calvin. Les hommes et les chose de son temps, vols. 1. (Reimpression des editions Lausanne et Paris 1899-1927), Geneve: Slatkine Reprints 1969, 93-94. 종교개혁적인 사상은 1520년 초 이래 프랑스에도 널리 알려졌다. 루터의 라틴어 저술과 신학적 소논문들은 1525년 중반부터 프랑스어로 번역되었다. 이때 프랑스 안에 있는 많은 성경인문주의 소(小)모임들은 이미 다양한 복음적 저술을 소장하고 있을 뿐만 아니라 독일과 스위스에서 발생한 일들에 대해 많은 정보를 얻고 있었다. Opitz, Leben und Werk Johannes Calvins, 24-26: 참고로, 이 당시 프랑스에서 성경인문주의적 개혁가톨릭주의(der bibelhumannistische Reformkatholizismus)의 정신적 지주는 성경 본문에 대한 철학-해석적(philosophisch-exegetisch) 작업으로 유명해진 자크 르페브르 데타플이었다. 그는 이미 1512년 로마서 주석에서 성경의 권위와 구원에 대해 공적 주의를 반대하여 선한 행위 대신 오직 은혜를 강조하였다. 데타플이 소르본 대학교 신학부의 비방 때문에 파리를 떠나야 했을 때, 그는 1521년 당시 주교(Bischo)였던 자신의 제자 기욤 브리쏘네(Gillaume Briconnet)에 의해 모(Meaux) 지방으로 초청되었다. 그곳으로부터, 특별히 쯔빙글리-남부독일적 종교개혁과 깊은 교류를 하였던, 프랑스 성경인문주의자들의 모임이 발전하였다. 이 모임에 파렐, 게라드 러셀(Gerard Roussel), 프랑스와 바따블(Francois Vatabel), 당시 프랑스 왕의 누이였던 마가레트 폰 나바라(Margarete von Navarra) 등이 참여하였다. 데타플은 모 지방에서 신념을 같이 한 이 동지들과 함께 1525년 10월부터 1526년 4월까지 머물기도 하였는데, 이때 그들은 카피토에 의해 숙식을 제공받았으며, 그곳의 개혁적 관심들에 대해 깊은 의견을 나누는 기회를 가졌다. 데타플은 바젤에 있는 외콜람파디와 취리히 종교개혁자들과도 깊은 교류를 하였다. 이미 1519년에 쯔빙글리와도 교제한 것으로 알려져 있다. 1534년에 깔뱅 역시도 앙굴렘(Angouleme)에 살았던 -1535년 1월에 자신과 함께 바젤로 망명을 했지만, 이후 다시 로마 카톨릭 교회로 돌아간- 루이 드 틸레(Louis du Tillet)의 집에 체류하는 동안 느락(Nerac)에 머물고 있는 데타플을 방문했다. 데타플은 젊은 깔뱅과 이야기 나누는 시간을 매우 기뻐하였다고 전해지고 있다. 이때의 대화를 통해 깔뱅은 데타플에게 적잖은 영향을 받았을 것으로 예상된다(노이져, 『깔뱅』, 38-39, 45). 에라스무스와 데타플은 1536년 같은 해에 역사의 뒤안길로 사라졌다.

66  노이져, 『깔뱅』, 38.

특별히 오랜 동료인 니콜라우스 콥(Nicolaus Cop) 외에 깔뱅은 부유한 상인이었던 에디엔 드 라 포르주(Estienne de la Forge)와도 깊은 교류를 가졌다. 1535년 1월 복음 때문에 산 채로 화형을 당하기 전까지 그의 저택은 적극적인 에라스무스-에타플 성경인문주의의 중심지였다.[67] 이곳에서 비텐베르크와 취리히 지역으로부터 온 신학저술들을 깊이 있게 논의하였다. 베자는 깔뱅과 포르주의 만남에 대해 특별한 의미를 부여했다.[68] 깔뱅은 1534년 10월 17-8일 발생한 '벽보사건'(L'affair des placards)으로 인한 박해로 프랑스를 떠나야 했다. 1535년 1월에 종교개혁적인 망명자의 신분으로 스트라스부르크를 거쳐 바젤에 도착했다. 이때부터 깔뱅은 루터와 쯔빙글리 사이의 성만찬 논쟁에 대하여 자신의 생각을 감추지 않았다. 바젤에 체류한 지 한 해가 조금 지난 때인 1536년 3월에 깔뱅은 그곳의 인쇄업자인 토마스 플라터(Tomas Platter)와 발타사르 라시우스(Balthasar Lasius)를 통해 《기독교 강요》를 출판했다. 여기에서 그는 다른 신학적 주제들과 함께 자신의 성만찬 이해를 심도 있게 표명했다. 분명한 사실은 깔뱅이 다양한 신학적 주제들뿐만 아니라 성만찬론에 대해서도 오랜 관심을 가지고 있었다는 것을 말해 준다.[69] 깔뱅이 이 저술에서 최근까

---

67  Opitz, Leben und Werk Johannes Calvins , 23.

68  데오도르 베자, 『존 깔뱅의 생애와 신앙』 김동현 역, 서울: 목회자료사 1999, 31. 깔뱅은 이 성경인문주의 상인을 첫 번째 신교적인 순교자들의 한 사람으로 칭송했다. (CO. VII, 160, 185.)

69  깔뱅의 《기독교 강요》는 박해받고 있는 프랑스의 개신교를 변호하고, 그 신앙을 옹호하기 위해 쓰인 것이다. 물론 이것은 일반 대중들을 위해 쓰인 것이 아니기 때문에 당시 큰 영향력을 미치지 못했음에도, 깔뱅을 바젤을 넘어 유럽 전역에서 주목받는 인물로 만든

지 교회를 괴롭혀 왔던 주장들, 성만찬에 대한 루터의 공재설, 로마 가톨릭교회의 화채설, 쯔빙글리의 기념설을 비판하였다.[70] 그럼에도 여기에서 간과될 수 없는 것이 있다. 즉 깔뱅은 쯔빙글리의 후기 성만찬 이해 속에서 발견된 그리스도의 영적인 임재(eine geistliche Gegenwart Christi)의 개념 위에 자신의 고유한 성만찬 이해를 도달시켰다는 점이다.[71]

깔뱅이 처음 루터와 쯔빙글리로부터 시작된 성만찬 논쟁을 해결하기 위해 본격적인 관심을 가진 것은 1541년에《주의 만찬에 관한 소론》을 썼을 때부터이다.[72] 여기에서 깔뱅은 루터와 쯔빙글리로부터 독립된 입장을 가지고 비판적인 논조를 펼쳤다. 독특한 점은 그리스도를 위한 명칭으로 새로운 개념인 '실체'(substantia)라는 단어를 사용하였다는 것이다. 성만찬 시행은 그리스도의 현존 안에서 또 그의 살과 피의 참여 안에서 이루어지는데, 이때 성도는 성령의 능력을

---

것이 사실이다.

70    CO. I, Institutio 1536, 120f.: "Alii, quo se argutos probarent, addiderunt ad scriptu-rae simplicitatem, adesse realiter ac substantialiter; alii ultra etiam progressi sunt: iisdem esse dimensionibus, quibus in cruce pendebat; alii prodigiosam transsub-stantiationem excogitarunt; alii panem, ipsum esse corpus; alii, sub pane esse; alii, signum tantum et figuram corporis proponi."

71    Emidio Campi, Heinrich Bullinger und seine Zeit, 「Zwingliana」XXXI (2004), 29; Wim Janse, Sakramente, in: Calvin Handbuch, hg. Herman J. Selderhuis, Tuebin-gen: Mort Siebeck 2008, 338-349. (Campi, Consensus Tigurinus: Werden, Wertung und Wirkung, 14-15: Campi 교수는 1536-1537년은 쯔빙글리에 가깝고, 1537-1548년은 루터에 가까우며, 취리히 성만찬 합의가 이루어진 이후의 시간인 1549-1560년은 성령의 사역과 관련하여 영적인 특징이 극대화되었다. 1561-1562년에는 다시 루터에 가깝게 발전되었다고 언급하고 있다.)

72    Campi, Consensus Tigurinus: Werden, Wertung und Wirkung, 16.

통하여 살과 피의 '실체'에 - 그리스도 자신에게 - 참여하게 된다는 것이다.[73] 분명히 이 개념은 쯔빙글리와 구별된 것이다. 그 대신에 성만찬의 빵 안에 그리스도가 현존하는 것과는 분명하게 구별된 것임에도 불구하고 루터의 입장에 더 근접해 있는 것이다.[74] 그러나 전체적으로 깔뱅이 성만찬 질문과 관련하여 항상 중도적인 위치를 고수한 점은 부인할 수 없는 사실이다. 그는 자신의 고유성을 지키면서도 한편으로 후기 쯔빙글리처럼 그리스도와 함께 하는 영적인 교제를 주장하고, 다른 한편으로 루터의 입장에 가깝게 그리스도의 살과 피로 실제적 몸이 주어지는 성만찬의 기능에 대해서도 관심을 가졌다.[75] 이러한 깔뱅의 성만찬에 대한 입장은 1549년에 불링거와 합의가 이루어지기 전까지 거의 변함없이 유지되었다.

## 3) 불링거와 깔뱅의 성만찬론 합의

불링거와 깔뱅의 성만찬론에 대한 신학적 특징 속에 특별히 1548년 6월부터 1549년 5월에 《취리히 합의서》가 도출되기 전까지 급진적으로 불링거와 깔뱅 사이에 성만찬 합의에 이르는 의미 있는 신학적

---

73  Kleiner Abendmahlstraktat, in: CAtA. 1.2, 492. 이는 1543년 판 《기독교 강요》와 《고린도전서 주석》에서도 확인되는 내용이다.

74  Campi, Consensus Tigurinus: Werden, Wertung und Wirkung, 16.

75  Saxer, Bullinger, Calvin und der 《Consensus Tigurinus》, 90.

대화들이 서신 형태로 진행되었다. 1548년 6월 26일 깔뱅이 보낸 성만찬 해설이 담긴 긴 서신의 답변서로서 불링거는 1548년 11월에 성만찬에 대한 내용을 24조항으로 정리하여 제네바로 보냈다. 이에 대한 반응으로 깔뱅은 1549년 1월 21일 20조항으로 정리한 성만찬 이해를 취리히로 다시 동봉해 보냈다. 이 서신은 1549년 3월 12일 베른 총회에 제출한 공적인 《제네바 신앙고백서》로 재(再)정리되었다. 불링거는 이 문서에 대해 몹시 만족했다고 전해진다.[76] 그 이후 두 달정도가 흐른 1549년 3월 15일 불링거는 마지막 반응으로 20조항으로 정리한 성만찬 입장을 깔뱅에게 보냈다. 이렇게 두 사람의 지속적인 교류 속에 깔뱅은 하나님의 은혜의 '도구'(instrumenta)로 성례의 명칭을 양보했으며, 그 대신 불링거는 매우 느슨한 형식의 원인관계를 지시하는 '수단'(organum)이라는 단어를 받아들였다.[77] 깔뱅이 앞서 언급했었던 그리스도 몸의 '실체'라는 표현은 분명하게 삭제되었다. 깔뱅 사후에 그리스도 몸의 실체에 참여한다는 이 개념은 베자에게서도 거부되었다고 알려져 있다.[78] 이와 반대로 양자에게 사용된 '인'의 개념은 수용되었지만, 성례의 효력과 관련하여 오직 비유적인 의미로서만 이해되었다. 참된 인은 성령 자체이기 때문이다. 이것과 연결하여 깔뱅은 인간의 성례 시행과 성령을 통한 성례의 효과를 동시적

---

[76]  Saxer, Bullinger, Calvin und der 《Consensus Tigurinus》24.

[77]  Opitz, Leben und Werk Johannes Calvins, 124.

[78]  Diarmaid MacCulloch, Die Reformation 1490-1700, Uebers. H. Voss-Becher u.a., Muenschen: DVA , 2008, 340.

시간의 의미로 연결한 것도 양보했다. 이는 논리적인 과정으로 수용된 것인데, 이로써 하나님의 진실성 위에 근거하는 성례의 효과는 오직 성령을 통한 믿음의 확증으로서 이해됨을 명확히 한 것이다. "우리에게 주님께서 주신 그의 은혜의 증명과 인이 참되기 때문에, 그분은 의심의 여지 없이 우리 안에 내적으로 그의 성령을 통해 눈과 그밖의 감각들로 확인되는 성례를 수여하셨다."[79]

최종적으로 1549년 5월 말에 26조항으로 구성된 《취리히 합의서》가 산출되었다. 불링거와 깔뱅에게 성만찬 합의를 위한 중도의 길(Via media)은 두 논쟁적 위치에 대한 화해의 시도나 다름없었다. 당연히 이 신앙고백서에는 거부할 수 없는 신학적이고 교회정치적인 긴장이 내포되어 있을 뿐만 아니라, 불링거와 깔뱅의 연합적인 의지와 공동체적 목적도 입증되어 있다.[80] 하지만 이는 결코 인간의 사고에 근거한 것이 아니었다. 처음부터 끝까지, 비록 성경 해석에서 시각 차이가 있었음에도 불구하고, 성경에 대한 바른 이해의 추구 속에서 사도적 전통에 근거하여 확신된 입장이다. 다르게 정리하면 《취리히 합의서》의 신학적 내용은 핵심적으로 쯔빙글리의 유산이 불링거의 언약신학적 해설 안에서 깔뱅의 성령론적 이해와 함께 조화를 이룬 것으로 간주할 수 있다.[81]

---

79  Cons. Art. 8: "Cum autem vera sint, quae nobis dominus dedit gratiae suae testamonia et sigilla, vere proculdubio praestat ipse intus suo spiritu, quod oculis et aliis sensibus figurant sacramenta, hoc est."

80  Opitz, Leben und Werk Johannes Calvins , 125.

81  Campi, Consensus Tigurinus: Werden, Wertung und Wirkung, 30.

## 4) 《취리히 합의서》의 신학

위에서 언급한 시간적 흐름 속에 신학적 절충과 합의로 정리된 《취리히 합의서》의 내용은 크게 세 부분으로 나누어 그 주제를 정리할 수 있다.

### I–V조항: 그리스도와 성례

서론적 이해로서 첫 다섯 조항은 기독론적으로 설명한다. 그리스도의 인격과 사역을 핵심적으로 언급하고 있다. 교회의 모든 영적인 수행은 우리를 율법의 마침이 되신 그리스도에게로 인도하는데, 그분 없이 우리가 하나님께 갈 수 없다(I조항).[82] 그리스도의 존재, 그리스도가 이 땅에 오신 목적 그리고 그리스도의 구속 사역으로 제공된 은택들은 그리스도의 지식 없이 성례를 바르게 이해할 수 없음을 말해준다(II조항). "참된 성례의 인식은 그리스도의 인식으로부터 연유된다."(Sacramentorum cognitio vera, ex cognitione Christi.) 하나님의 아들이시며 하나님과 동등하신 그리스도가 우리에게 양자의 지위를 허락하시기 위해 육신을 취하시고 이 땅에 오셨다. 우리는 오직 성령의 역사를 통해 그리스도에 대한 믿음으로 의롭게 되고 새로운 생명으

---

82 Cons. Art. I: "... quin huc spectet totum spirituale ecclesiae regimen, ut ad Christum nos ducat: sicuti per eum solum ad Deum pervenitur ..."

로 거듭날 수 있다(III조항).[83] 특별히 여기에서 '거듭남'은 중생과 성화를 포함하는 개념으로 이해된다. IV조항은 우리를 대신하여 의에 대한 하나님의 만족을 이루기 위해 행하신 그리스도의 구속 사역과 그분의 직분들을 소개한다. 그리스도는 우리를 중보하는 제사장이시며 우리를 다스리는 왕이시다. 우리는 그리스도와 연합을 통해 그분 자신과 모든 구원의 은택들을 수여 받는다(V조항). 서론에서 그리스도의 인격과 사역을 고백한 이유는 무엇일까? 성례가 그리스도와 그분이 이루신 모든 구속 은혜에 대한 확증으로 주어졌다는 사실을 분명히 하기 위함이다. 하지만 불링거와 깔뱅은 성례 자체를 구원에 대한 효력으로 인정하지 않았다.

## VI-XX조항: 성례에 대한 해설

《취리히 합의서》의 중심 본문(VI-XX조항)은 성례 전반에 관하여 설명한다. 성례의 의미, 목적, 수행방식, 효력 등을 자세하게 소개하고 있다. 그리스도가 성령을 통해 우리 안에 거하실 때, 그분은 우리에게 자신 안에 있는 모든 은택을 제공하신다. 이를 증명하시기 위해 말씀과 성례(세례와 성만찬)가 우리에게 위탁되었다(VI조항). 성례는 은혜에 대한 증거(testimonium)와 인(sigillum)으로서 그리스도를 고

---

83  Cons. Art. III: Quod fit, dum fide inserti in corpus Christi, idque spiritus sancti virtute, primum iusti censemur gratuita iustitiae imputatione, deinde regeneramur in novam vitam.

백하고, 그리스도와 연합한다는 표시이다. 감사와 경건의 삶을 위한 자극이며, 하나님이 베푸신 은혜에 대한 확신과 신뢰를 나타낸다 (VII-VIII조항). 주님은 우리에게 성령을 통해 성례가 표명하는 모든 은택인 하나님과 화해, 거룩한 생명, 의로움 그리고 구원을 보증하신 다(VIII조항).[84]

특별히 IX조항은 불링거와 깔뱅의 관심 속에 표명되었는데,[85] 성례가 약속된 은혜의 '표지'(signum)라고 할 때, 그 표지와 영적인 본질을 의미하는 '표지된 실재'(res signata)는 분리되지 않으나 서로 분명하게 구별된다. 이 때문에 성례 때 빵과 포도주를 먹고 마심으로 그리스도(와 약속된 은혜)가 동시적으로 주어지는 것이 아니라, 오히려 그것을 먹고 마심으로 우리로 하여금 하나님의 약속을 주목하게 한다(X조항).[86] 성례의 요소들(빵과 포도주) 자체에 구원의 신뢰를 두는 오류를 반박한 것이다. 즉 로마 가톨릭교회의 성례를 직접적으로 거부했다(XI조항). 그러므로 성례가 그 자체로는 아무런 효과를 드러내지 못한다. 성례를 통하여 우리에게 구원의 은택들이 수여된다고 해도, 그것들은 성례 자체로부터 나오는 것이 아니다. 하나님이 성례

---

84  Cons. Art. XIII: " … vere procul dubio praestat ipse intus suo spiritu, quod oculis et aliis sensibus figurant sacramenta: hoc est, ut potiamur Christo, tanquam bonorum omnium fonte, tum ut beneficio mortis eius reconciliemur Deo, spiritu" renovemur in vitae sanctitatem, iustitiam denique ac salute consequamur …"

85  Strasser, Der Consensus Tigurinus, 10-11; Campi, Consensus Tigurinus: Werden, Wertung und Wirkung, 12, 14.

86  Cons. Art. X: "Ita materia aquae, panis aut vini, Christum nequaquam nobis offert, nec spiritualium eius donorum compotes nos facit: sed promissio magis spectanda est."

자체에 자신의 능력이나 성령의 효과를 부여하지 않으셨기 때문이다
(XII조항).

우리의 인식의 한계 때문에 하나님은 자신의 약속에 대한 실제성
을 확신시키기 위해 성례를 도구로 사용하시지만, 우리가 그리스도
와 연합 없이 성례에 참여하는 것을 아무런 의미가 없게 하셨다. 성
례가 하나님 은혜의 수단(Organa)으로 이해될 수밖에 없는 이유이다
(XIII).[87] 우리에게 내적으로 세례를 주시는 분은 그리스도이시며, 오
직 그분이 성령의 능력 안에서 성례를 사용하실 때 모든 효력이 발생
한다(XIV조항). 성례가 우리의 믿음을 보증하는 인으로 사용될 때에
도 성령의 역사와 분리되어 이해할 수 없다. 성례에 앞서 믿음의 시
작이요 완성자이신 성령이 우리의 참된 인이 되시기 때문이다(XV조
항).[88]

하나님의 능력은 오직 택자들에게만 발휘된다. 하나님은 참된 생
명을 주시기 위해 선택한 자들에게만 믿음으로 조명하시며, 성령의
신비한 사역을 통해 성례가 제공하는 것을 받게 하신다(XVI조항).[89]
이 때문에 모든 사람이 -택자이든 유기자이든- 성례를 나타내는 표
지(signum)에 참여할 수는 있어도, 은혜의 본질인 실재(res)를 소유할

---

87 Cons. Art. XIII: "Organa quidem sunt, quibus efficaciter, ubi visum est, agit Deus:
   sed ita, ut totum salutis nostrae opus, ipsi uni acceptum ferri debeat."

88 Cons. Art. XV: "… et tamen solus spiritus proprie est sigillum, et idem iidei incho-
   ator est et perfector."

89 Cons. Art. XVI: "sed tantum in electis. Nam quemadmodum non alios in fidem
   illuminat, quam quos praeordinavit ad vitam, ita areana spiritus sui virtute efficit,
   ut percipiant electi quod offerunt sacramenta."

수 없다. 오직 택자들만 이 표지의 진실(veritas signorum)에 도달할 수 있다(XVII조항).[90] 그러므로 그리스도와 하나님의 은사들(dona)은 오직 믿음의 사람에게만 제공되며(XVIII조항), 그들은 성례를 통하여 또는 성례 전과 성례 밖에서(ante et extra) 그리스도와 교제할 수 있다. 그리스도와 함께 발생하는 믿음은 성례를 통해 믿음의 사람 안에서 강화되고, 풍성해지며 그리고 하나님의 은사들을 더욱 증대시킨다(XIX조항). 그러므로 하나님의 은혜는 성례의 시행과 직접적으로 관계되어 있지 않다. 믿음의 사람이 성례로 받는 유익은 시간에 예속되어 있지 않기 때문인데, 즉 세례의 효력은 평생 발휘되고, 성만찬도 시간의 흐름 속에서 열매를 맺는 경우가 있기 때문이다(XX조항).

## XXI-XXVI조항: 성례 이해의 오류

성례 전반에 대한 해설 이후에 성례를 잘못 이해한 오류들을 제시한다. 먼저 그리스도 인성의 편재에 대한 비판이다(XXI조항). 루터를 정면으로 반박한 것이다. 그리고 "이것이 나의 몸이며, 이것이 나의 피다"에 대한 해석에 있어 엄밀한 문자적 해석 자체를 거부하고, 상징적으로 해석해야 한다고 표명한다(XXII조항). 지나치게 문자적으로 해석하여 빵과 포도주를 그리스도의 실체적인 살과 피로 인식한 로마 가톨릭교회의 오류를 비판한 것이다(XXIII-XXIV조항). 물론 그

---

90  Cons. Art. XVII: "Nam reprobis peraeque ut electis signa administrantur, veritas autem signorum ad hos solos pervenit."

비판은 루터의 공재설도 피해가지 않았다. 그리스도의 몸은 공간적으로 하늘에 있음을 분명히 하면서 성만찬 시에 우리에게 그리스도의 몸이 빵과 결합하여 제공되지 않음을 밝힌다(XXV조항). 빵이 그리스도와 함께 하는 연합의 상징과 보증이 된다고 할지라도 빵은 상징적으로 주어진 것일 뿐, 결코 그리스도의 몸에 대한 '실재 자체'(res ipsa)로서 제공되지 않기 때문이다(XXVI조항).[91]


# 4. 《취리히 합의서》의 출판


불링거와 깔뱅 사이의 연합적인 열매인 《취리히 합의서》는 곧바로 출판되지 못했다. 그리하여 스위스 교회들의 인준을 얻어내기 전까지 필사본으로 보급되었다. 샹갈렌, 샤프하우젠, 그라우뷘덴(Graubuenden) 그리고 노이언부르크(Neuenburg)는 이 합의서에 동의했다. 하지만 베른이나 바젤은 직접 참여하지 않았다는 이유를 들어 이 문서의 비준을 거부했다. 물론 신학적 내용보다는 교회정치적인 이유에서였다. 베른의 목사인 할러와 볼프강 무스쿨루스(Wolfgang Mus-

---

91  Cons. Art. XXVI: "Quanquam enim panis in symbolum et pignus, eius quam habemus cum Christo communionis, nobis porrigitur: quia tamen signum est, non res ipsa neque rem in se habet inclusam aut affixam, …"

culus)는《취리히 합의서》의 내용을 비난하지 않았지만, 할러는 1549년 6월 27일 불링거에게 보낸 서신에서 이 합의서의 서명을 받기 위해 베른 의회에 제출할 수 없다는 입장을 밝혔다.[92] 이것은 깔뱅과 파렐이 베른 의원들에게 부정적으로 알려져 있음으로 해서 문서마저 의심을 받을 수 있을 뿐만 아니라 추가적인 논쟁과 그릇된 추측을 불러일으킬 수 있다는 염려 때문이었다.[93] 실제로 베른 의회는 6월 2일에 성만찬 입장과 관련하여 1528년 베른 논쟁(Berner Disputation) 때 결정된 문서와, 1545년 루터파 교회의 성만찬론에 반대하여 작성된《취리히 신앙고백서》만으로도 충분하다는 입장을 미리 표명했다.[94] 미코니우스가 의장으로 있던 바젤 교회의 반응 역시 베른과 크게 다르지 않았다. 독일 경계에 위치한 바젤은 슈말칼트 전쟁 이후 긴장감이 고조된 당시의 정치적인 상황과 관련하여 불링거와 깔뱅 사이의 성만찬 합의에 대해 신중한 반응을 보일 수밖에 없었다.[95] 그러나 베른과 바젤이《취리히 합의서》의 출판을 늦추게 한 것은 사실이지만 완전히 막지는 못했다.

《취리히 합의서》의 서문은 깔뱅이 1549년 1월21일에 보낸 서신으로 대신하였고, 종결문은 1549년 8월 30일에 취리히 교회의 목사회가 작성한 글로 구성되어 1551년 3월 취리히에서 라틴어로 인쇄되

92  *CO*, XII, 315 f..

93  Opitz, Leben und Werk Johannes Calvins, 126.

94  Strasser, Der Consensus Tigurinus, 15.

95  Campi, Consensus Tigurinus: Werden, Wertung und Wirkung, 35.

었고, 곧바로 4월에는 제네바에서 라틴어로 인쇄되었다. 이 합의서는 깔뱅의 강요에[96] 의해 같은 해, 취리히에서 독일어로, 제네바에서 프랑스어로 출간되었다. '아우그스부르크 과도법령'(Augsburger Interim)이 공포된 후로 영국에 머물고 있던 부처, 버미글리 그리고 요한 라스키(Johannes Laski)가 이 문서에 서명했다. 불링거를 신뢰했던 영국의 신학자들도 동의했다.[97] 잘 알려진 대로 루터의 공재설에 동의하지 않던 멜란히톤도 불링거와 깔뱅 사이의 성만찬 합의를 거부감 없이 받아들였다.[98]

《취리히 합의서》의 출판으로 취리히와 제네바의 관계는 더욱 긴밀해졌다. 불링거와 깔뱅은 오랫동안 상호 존중의 관계를 유지하며 지속적으로 일치를 위한 대화를 하였다. 두 사람은 예정론, 교회정치적인 입장에 근거한 치리, 프랑스 개신교도들의 지원을 위한 프랑스와 동맹의 필요성에 대한 생각의 차이 등에도 불구하고 서로의 진심 어린 우정을 변함없이 이어나갔다. 그러나 이 합의서의 부정적인 효과는 취리히와 제네바를 비텐베르크와 더욱 멀어지게 하고 만다. 결국 두 진영 사이에 성만찬의 합의를 논의할 수 있는 여지가 사라지

---

96  1551년 2월 17일에 깔뱅이 불링거에게 보낸 서신 (CO. XIV, 51-52).

97  Campi, Consensus Tigurinus: Werden, Wertung und Wirkung, 37 (각주 114).

98  Ludwig Lavater, Hostoria de Origine et Progreussu Controversiae Sacramentariae de Coena Domini, ab anno nativitatis Christi M.D.XXIII. usque ad annum M.D.LXIII. deducata, Tigurinus: Christopher Froschauer, 1563, 47r: "Multis Theologia studiosis author fuerat [sc. Melanchthon], ut Tigurinum et Genevam se conferrent, quo sententiam doctorum de sacramentis liquid cognoscerent." 참고로, 《취리히 합의서》에 동의한 대표적인 신학자들은 Bartholomew Traheron, John ab Ulmis, John Hooper 등을 떠올릴 수 있다.

고, 도리어 새로운 성만찬 논쟁을 불러일으키는 원인이 되고 말았다.

# 5. 《취리히 합의서》의
## 신학적이고 교회정치적인 결과

불링거와 깔뱅은 《취리히 합의서》가 개신교의 일치에 영향을 미치기를 희망했다. 하지만 이 성만찬 신앙고백서에 대한 루터파 교회의 평가는 가혹했다. 함부르크(Hamburg) 목사인 베스트팔은 이 문서를 통해 루터파 교회의 고립을 직시했다. 루터의 편재론(Ubiquitätslehre)을 루터파 정통주의의 기준으로 여기는 베스트팔에게 깔뱅은 쯔빙글리주의자(Zwinglianer)로 간주되었다. 이전에 루터에게 근접해 있던 깔뱅의 성만찬 이해가 전혀 의도하지 않은 방향으로 발전한 것이다. 이와 관련하여 베스트팔은 의도적으로 《취리히 합의서》를 모욕적인 말로 논박했으며, 그 결과 '두 번째 성만찬 논쟁'을 표면화시켰다. 이 새로운 성만찬 논쟁은 긴 시간 동안 문헌들을 통해 진행되었다. 베스트팔은 1552년에 《동물사료》, 1553년에 《바른 믿음》 그리고 1555년에 《모음집들》을 출판했다. 그는 이 글들에서 불링거를 황소(Bulle)로, 깔뱅을 송아지(Kalb)로 지칭하면서 성만찬에 대한 취리히 합의를 비방했다. 처음 깔뱅은 이러한 공격에 대해 아무런 대응도 하지 않았다. 불링거와 다르게 깔뱅은 여전히 루터주의자들로부터 좀 더 관대한 반응을 기대하고 있었기 때문이다. 깔뱅은 비텐베르크 신학자들의 비판에도 불구하고 작센의 선제후에게 화해를 기대하며 자신의 창세기 주석을 헌정하며 화해에 대한 기대의 끈을 놓지 않았다.[99]

하지만 깔뱅은 루터파 진영과 화해하는 것이 불가능함을 깨닫고, 불링거에게 베스트팔의 논박에 대한 대응에 관해 문의했다.[100] 취리히 의장은 제네바 신학자를 격려했고, 이를 기점으로 깔뱅은 1555년에 《변호》, 1556년에 《두 번째 변호》 그리고 1557년에 《최후의 경고》를 통하여 베스트팔의 논박을 합법적으로 방어했다. 깔뱅은 1555년에 출판된 《변호》를 곧바로 불링거에게 보내 의견을 물었다. 불링거는 전체적인 내용에 대해 만족을 표하면서도 비판이 너무 날카롭고 베스트팔을 '황소'나 '들짐승'으로 비방한 것은 조심스러워했다. 하지만 깔뱅은 자신의 고유한 논증 방식을 포기하지 않았다. 그는 베스트팔에 대해 적극적으로 논쟁하며 쯔빙글리-남부독일 종교개혁(die zwinglisch-oberdeutsche Reformation)의 개혁자들을 분명하게 지지했다. 경건하고 탁월한 그리스도의 종인 쯔빙글리와 외콜람파디가 지금까지 살아 있었다면, 오히려 자신이 논증을 위해 사용한 어떤 단어도 변화시키지 않았을 것이라고 강조했다.[101] 이와 관련하여 1563년

---

99  *CO. XV*, 196-201: 《CALVINUS PRINCIPIBUS SaxerICIS: Dedicatio Commentarii in Genesin》.

100  *CO. XV*, 207-208.

101  Saxer, Bullinger, Calvin und der 《Consensus Tigurinus》, 91.

에 바젤 교회 의장(Antistes)인 시몬 슐처(Simon Sultzer)가 스위스 개혁파 연합도시들로부터 이탈하여 스트라스부르크에서 《아우그스부르크 신앙고백서》에 서명했을 때, 이를 격렬하게 항의하며 모든 스위스 도시의 총회를 요청한 사람도 깔뱅이었다. [102] 하지만 깔뱅은 멜란히톤에 대해서는 늘 관대하였다. 이미 《취리히 합의서》에 지지를 표명한 '독일의 선생님'(Praeceptor Germaniae)이 1558년 보름스(Worms)에서 다른 루터주의자들과 함께 쯔빙글리를 이단으로 지칭한 성명서에 서명했을 때, 깔뱅은 아무런 반응도 보이지 않았다.

깔뱅은 몇 번에 걸쳐 베스트팔과의 성만찬 논쟁에 대한 멜란히톤의 의견을 요청하였고, 베자가 1557년과 1559년 사이 비텐베르크와 화평을 위한 다양한 시도들을 했을 때도 멜란히톤은 침묵으로 일관하였다. 그럼에도 깔뱅은 그에 대한 신뢰를 거두지 않았다. 깔뱅이 성만찬 논쟁에서 '루터의 원숭이'(Affen Luthers)를[103] 반대하여 드러낸 불쾌감은 처음 비텐베르크 영역에서 《취리히 합의서》의 노골적인 거부감을 보인 것에 대한 실망만은 아니었다. 깔뱅이 베스트팔을 개신교 내부의 사악한 대적으로 보았기 때문이다. 하지만 깔뱅은 루터주의자들과 타협의 여지없이 일방적인 논박만을 추구하지는 않았다. 베스트팔과 계속된 논쟁에서 깔뱅은 《취리히 합의서》에서 논의되지 않은 것을 표명하거나, 때로 루터의 관심사가 수용된 내용으로 서로

---

102    Uwe Plath, Calvin und Basel in den Jahren 1552-1556, Zuerich: TVZ, 1975, 173-192.

103    CO. XVIII, 84.

의 갈등을 봉합하고자 하는 여지를 남겨 놓았다.[104] 그러나 이 논쟁을 계기로 신앙교파화가 더욱 가속화되어 독일의 종교개혁과 스위스의 종교개혁 사이에 메울래야 메울 수 없는 깊은 골이 생겼다.

이렇게 루터주의자들의 비판에 맞서서 깔뱅의 《취리히 합의서》를 위한 장기적인 노력은, 신앙고백적 논쟁에서 부정적 의미였던 '쯔빙글리주의' 혹은 '깔뱅주의' 꼬리표를 잠정적으로 떼어낸 결과를 가져다주었다.[105] 깔뱅은 취리히와 성만찬 합의를 통해 신학적으로 '개혁파'(Reformiertentum)라는 이름 아래 쯔빙글리–남부독일 종교개혁에 편입되었으며, 그 성만찬 입장에 대한 주도적인 대변자가 되었다. 물론 깔뱅은 공교회적이면서도 자신만의 고유한 방식으로 제네바 종교개혁을 특징지으며, 전체 개혁파 종교개혁의 지속적인 발전에 기여했다. 그리고 다른 여러 지역들에서 '깔뱅주의'라는 이름으로 지대한 영향을 미쳤다.

불링거는 깔뱅의 사후에도 베자와 지속적으로 교류했다. 불링거는 깔뱅 뿐만 아니라 그의 사후에는 베자와 공동으로 유럽 전역의 개혁파 교회의 확산과 안정을 위해 모든 힘과 노력을 기울였다.[106] 이에 대한 실례로, 불링거와 베자 사이의 서신교환을 떠올릴 수 있다. 불링거와 깔뱅 사이에 오간 서신은 모두 285통이다. 그리고 1550년 2월

---

104    1554년 8월에 깔뱅이 말박(Marbach)에게 쓴 편지 (CO. XV, 121 f.); CO. XV. 272-287: 《De defensionis libello D. Ioannis Calvini et Tigurinae Ecclesiae iudicia》(1554. 10. 24).

105    Opitz, Leben und Werk Johannes Calvins , 128.

106    박상봉, "종교개혁 당시 서신 교환을 통해 본 Heinrich Bullinger", 99-102.

16일에 처음 시작되어 불링거가 죽은 2일 후인 1575년 9월 19일까지 지속된 (다른 12곳의 지역에서 교류된 57통을 포함하여) 불링거와 베자 사이에 오간 서신은 모두 414통이다. 베자는 불링거에게 253통의 서신을 보냈고, 불링거는 베자에게 171통의 서신을 보냈다. 이 서신 교류는 베자가 12명과 주고받은 819통 중 절반이 넘는 숫자이다.[107] 깔뱅이 임종한 해인 1564년 이래 취리히 교회 의장과 새로운 제네바 교회 의장 사이에 서신교환이 급격하게 증가한다. 1575년까지 한 해 평균 28통의 편지가 두 사람 사이를 오갔다.[108] 이는 둘 사이에 오간 전체 서신의 81%가 넘는 분량이다. 베자는 신학적이고, 교회정치적인 현안에 대해 어느 누구보다도 압도적으로 취리히의 불링거와 많은 생각을 나누었음을 알 수 있다. 베자는 깔뱅의 후계자로서 자신의 많은 편지에서 불링거를 '나의 아버지'(mi pater) 혹은 '가장 존경하는 나의 아버지'(pater mihi plurimum observandum)로 호칭함으로써 취리히의 나이 든 의장의 권위를 존중했다는 사실을 주목할 필요가 있다.[109]

---

107   Emidio Campi, Beza und Bullinger im Lichte ihrer Korrespondenz, in: Théodore De Bèze (1519-1605), Hg. von Irena Bachus, (Genève: LIBRAIRIE DROZ S. A. 2007), 234-236. 불링거를 제외하고 베자가 서신 왕래를 한 11명의 명단과 횟수는 다음과 같다: 베자와 그발터(97/68), 베자와 깔뱅(73/26), 베자와 할러(26/9), 베자와 파렐(23/1), 베자와 포이체르(8/17), 베자와 심러(6/6), 베자와 짠키(5/10), 베자와 페어미글(3/7), 베자와 올레비안누스(4/5), 베자와 라스코(1/6), 베자와 에라투스(2/2).

108   Campi, Beza und Bullinger im Lichte ihrer Korrespondenz, 135.133. 1564-1575년 사이에 불링거와 베자의 서신 왕래: 1564년 41통, 1565년 23통, 1566년 22통, 1567년 26통, 1568년 37통, 1569년 48통, 1570년 30통, 1571년 22통, 1572년 19통, 1573년 28통, 1574년 24통, 1575년 16통.

109   Campi, Beza und Bullinger im Lichte ihrer Korrespondenz, 135.

이렇게 볼 때 스위스·프랑스·독일·영국·화란·이탈리아·헝가리·폴란드에 있는 개혁파 교회들은 항상 취리히와 제네바에 의해 인도되었다.[110] 신학과 학생들의 교류가 취리히와 제네바 사이에 지속적으로 이루어졌으며, 이를 통한 두 도시의 관계는 풍성한 열매를 맺었다. 1556년에 쓴 불링거의《기독교 신앙요해》는 제네바에서 여러 차례 출판되었다. 그의《스위스 제2 신앙고백서》도 베자와 니콜라스 콜라동(Ncolas Colladon)에 의해 제네바 목회자회의 이름으로 서명되고, 전자에 의해 프랑스어로 번역되어 그 언어권에 속한 개혁파 교회들에게 전파되었다. 비록 불링거 사후에는 그 영향력이 상실되었음에도 불구하고 그가 생존했던 시대의 취리히는 제네바와 함께 개혁파 교회를 위한 신학적이고 교회정치적인 구심점이었다.

## 나오며

불링거가 깔뱅과 성만찬론 대화를 처음 시작했을 때에 쯔빙글리적이거나 깔뱅적인 성만찬 신학을 기대한 것은 아니었다. 취리히 신학자는 성만찬에 관한 전(全) 스위스적인 신앙고백서를 작성하길 원했으며, 모든 종교개혁 도시들로부터 인정받는 보편 교회를 위한 성만찬 신학을 정리할 수 있기를 계획했다. 당연히, 깔뱅에게도 성만찬 합의

---

110  Campi, Beza und Bullinger im Lichte ihrer Korrespondenz, in: Théodore De Bèze (1519-1605), 143.

에 대한 관심은 앞선 종교개혁자들의 영역에서 그의 분명한 위치를 찾게 하는 데 이바지했다. 그 결과 깔뱅은 쯔빙글리-독일 남부적인 종교개혁을 소위 - 취리히와 함께 제네바 역시도 종교개혁의 한 중심적 도시로 자리매김하는 - '개혁파 종교개혁'(die reformierte Reformation)으로 전환하도록 주도적인 역할을 했다.[111]

물론 성만찬 이해는 개혁파 개신교의 시작점에서 쯔빙글리가 주도성을 가지고 있었으나 당시 여러 종교개혁자 사이에 미묘한 차이들이 있었다는 것도 인정해야 한다. 이러한 면에서《취리히 합의서》의 도출은 단순히 불링거와 깔뱅의 성만찬 사고의 일치만을 의미하지 않는다. 오히려 이 두 인물과 함께 쯔빙글리, 외콜람파디, 부처, 무스쿨루스 그리고 파렐의 성만찬 입장들이 집약되고 절충되어 합의된 것임을 잊지 않아야 한다.[112] 1549년에야 비로소 신학적이고 교회정치적인 배경 속에서 개혁파 교회 내의 성만찬에 대한 다양한 입장들이《취리히 합의서》를 통해 새롭게 정리된 것이다. 그럼으로써 이 합의를 통해 '개혁파'라는 한 교회를 이룰 수 있었다. 이후 이 문서의 영향은 개혁파 교회(die reformierte Kirche)라는 이름 아래 가깝게는 1559년과 1566년 사이에 프랑스·스위스·독일·영내에서 중요한 개혁파 신앙고백서들을 형성하는 데 기여했다.[113] 멀리는 동유럽의 다양한 개혁파 신앙고백서들과 1648년 영국 의회가 공인한《웨스트민

111   Peter Opitz, Leben und Werk Johannes Calvins, 114.

112   Campi, Consensus Tigurinus: Werden, Wertung und Wirkung, 9.

113   MacCulloch, Die Reformation 1490-1700, 340.

스터 신앙고백서》에까지 뻗어 있다.

불링거와 깔뱅의 긴 신학적 대화를 통해 도출된《취리히 합의서》
에 다양한 지역교회들과 신학자들이 서명한 것은 그 표명된 모든 내
용이 자신들의 생각과 일치했기 때문만은 아니다. 한 신앙공동체를
이루는 데 있어 포기해서는 안 될 적정선에 근거하여 동의한 것이다.
이와 관련하여 이 성만찬 합의문서는 16세기 중반의 다양한 개혁파
흐름을 한 방향으로 이끈 매우 의미 있는 신앙고백서로 간주된다. 그
리고 이 성만찬의 일치된 내용을 이루기 위해 불링거와 깔뱅 사이에
신학적 절충과 합의를 위한 역사적 과정이 있었다는 것을 기억해야
한다. 사실, 이는 모든 개혁파 신앙고백서들의 특징이기도 하다.
1580년 6월 25일에 출판된 루터파 교회의 신앙고백서들의 모음집인
《신조 모음집》은 사도적 가르침에 근거하여 초대교회의 정통신학에
기본적인 토대를 두면서도, 루터라는 한 인물의 핵심적 사상을 강조
한 것이다. 하지만 개혁파 교회의 다양한 신앙고백서들은 깔뱅이라
는 한 신학자에게만 특별한 권위를 부여하지 않는다. 개혁파 교회의
신앙고백서들은 그 기원에서부터 교회의 정통주의적인 입장을 존중
하여 개혁파 신학자들의 상호교류 속에 협의하고 절충하였다. 즉 몇
몇 인물들과 공적 모임을 통해 정리한 것이다. 이러한 점은 초대교회
로부터 1,500년 교회의 역사를 관통하여 계승되어온 사도적 가르침
에 기초한 것이다. 그리고 종교개혁 당시 다양한 인물들에 의해 표명
되고 그들 상호 간의 신학적 교류와 영향 속에 더욱 깊이 뿌리내리며

발전하게 된 것이다.[114] 이 때문에《취리히 합의서》는 깔뱅의 성만찬에 대한 근원적인 입장이 포기되지 않았다. 오히려 불링거가 성례시 성령의 내적이고 보이지 않는 능력을 외적인 확신의 작용으로 인정함으로써 쯔빙글리의 핵심적인 입장을 상실했다는 게블러의 평가나,[115] 혹은 바르트처럼 이 문서의 가치를 부정적으로 평가한 것은[116] 보편 교회의 관심사를 무시한 채 지나치게 종교개혁자들의 주관성에만 촛점을 맞춘 것이다.

《취리히 합의서》안에 성만찬에 대한 불링거와 깔뱅의 사상들이 서로가 만족할 만큼 모두 표명되어야 한다고 생각하는 것 자체가 오해이다. 이후의 시간 동안 깔뱅이 이 성만찬 합의를 존중하면서도 자신의 고유한 입장을 견지해 나갔듯이, 불링거 역시 이 합의를 존중하면서도 자신의 고유한 입장을 견고히 지켜나갔다는 것을 기억해야 한다. 개혁파 교회라는 공통분모 속에서 불링거와 깔뱅이라는 고유성이 세부적으로 존중된 것이다. 더욱이, 불링거와 깔뱅 사이에 몇몇 신학적 차이가 있다고 해도 이것은 그들의 신학적 본질(die theologische Substanz)의 차이가 아니라 그들의 신학적이고 교리사적인 의도(die thelogische und dogmengeschichtliche Intention)의 차이로 보아

---

114    C. R. Treuman, Calvin und die reformierte Othodoxie, in: Calvin Handbuch, 470-471.

115    Ulrich Gäbler, Heinrich Bullinger, in: Gestalten der Kirchengeschichte, hg. Martin Greschat, Bd 6: Die Reformationszeit II, Stuttgart, Berlin, Köln, Mainz & Kohlhammer: Verlag W. Kohlhammer 1981, 206.

116    Karl Barth, Die Theologie der reformierten Bekenntnisschriften, Zuerich: TVZ, 1998, 277.

야 한다.[117] 두 종교개혁자 사이에 이미 각자 강조하는 신학적 내용이 선명하게 확인되는데, 특징적으로 불링거가 구속사와 언약신학에 주된 관심을 보였다면, 깔뱅은 신학의 논리성과 하나님의 주권에 더 큰 관심을 가졌다고 할 수 있다. 이처럼 개혁파 교회 안에는 종교개혁자들(과 신학자들) 사이에 신학적 일치성과 다양성이 동시에 존재한다.

비록 스위스 밖으로까지 교회의 일치를 이루지 못했음에도, 《취리히 합의서》는 의심의 여지 없이 하나님의 말씀으로서 성경에 대한 바른 이해를 추구하면서, 그리스도의 몸인 보편 교회의 유익을 위해 평생을 헌신한 두 종교개혁자의 진실한 신앙고백이요, 위대한 산물이다. 성만찬에 대한 이해에서 각자의 신학적 의도를 최대한 존중하는 동시에 유일한 중보자이신 그리스도 위에 결코 흔들리지 않는 견고한 집을 지은 것이다. 그리스도에 대한 믿음에 근거하여 신학의 일치를 이루고, 하나의 교회를 추구하는 가운데 서로에 대한 깊은 신뢰를 통해 이룩한 개혁파 교회의 위대한 유산인 것이다.

---

117   C. Strohm, Bullingers Dekaden und Calvins Institutio: Gemeinsamkeiten und Eigenarten, in: Calvin im Kontext der Schweizer Reformation, 213-248.